Mix Weiss

Kupferblues

*Aufstieg und Fall
des Emil und der Else Iten*

Roman

Büchergilde Gutenberg

Meinen Kindern

Ce qui pèse en l'homme c'est le rêve.
Frankreich

Wie viele Städte wurden am Morgen erbaut
und stürzten des Abends zu Ruinen?
Ali, Sohn des Kahled
Inschrift in Persepolis

Prolog

Ist die Mango reif? Ich muß ganz nahe herangehen und sie genau betrachten.

Hätte Oliver damals nicht diese Mango mitgebracht, wäre Lina wohl nie mehr aus der Vergangenheit heraufgestiegen. Wart noch ein wenig, ehe du die Mango ißt, hatte Oliver gesagt, indem er fast zärtlich über die glatte Haut der Frucht strich. Sie wird lauter ganz feine Falten bekommen, sagte er. Comme la peau d'une vieille femme, wie die Haut einer alten Frau. Dann erst ist sie reif.

Die Mango lag ein paar Tage da, prall, tropisch orangegelb, und dann bekam sie tausend seidenfeine Fältchen, eine kostbare Patina, seltsam ergreifend, gereift, gealtert, wertvoll. Wie damals die Haut an den Armen meiner kleinen Berner Großmutter Lina! Ganz unerhört. Plötzlich war Lina auferstanden. Seit Jahrzehnten hatte ich nicht an sie gedacht. Ihr Erscheinen erstaunte mich nicht wenig.

Doch dann vergaß ich Oliver und meine kleine Großmutter Lina wieder, sie hatten ja auch nichts miteinander zu tun. Mit seltsamer Gleichzeitigkeit jedoch drängten sie sich in mein Bewußtsein, sobald ich in irgendeiner Auslage Mangos erblickte. Magisch angezogen beugte ich mich über die exotischen Früchte, um festzustellen, ob die Fältchen schon da waren. Dabei hatte Lina, Viehhändlerstochter aus Burgdorf, weiß Gott nichts Exotisches an sich, im Gegenteil, Äpfel und Birnen waren ihr sicher näher. Nur: Diese Haut erinnerte mich an Lina! Und ich schaute wieder und wieder genau hin, in all den Jahren, wenn ich auf Mangos stieß und suchte nach den weichen Fältchen ihrer Haut.

So gelang es Lina, sich tief in meiner Erinnerung wieder einzunisten. Manchmal will mir scheinen, sie hätte nur auf eine Gelegenheit gelauert, um dem ewigen Vergessen zu entrinnen, und Oliver war ihr gerade recht dazu. Da stand sie nun vor mir, und mit ihr wurde die Zeit im »Schlößchen« und dieser ganze Traum vom Kupfer wieder lebendig.

Meride, Frühling 1996

Lina

Das Kind hatte das dunkle Gebüsch des verwilderten Parks durchstöbert, den braunen Amselweibchen ähnlich, die scheinbar ziellos durchs Unterholz flatterten, geführt oder getrieben von ihrem rätselhaften Instinkt. Wenn sie dem Kind begegneten, hörten sie nicht mehr auf zu zetern. Seid doch still, schimpfte das Kind. Es hatte eine Elster und einen Grünspecht erschreckt sowie ein lohfarbenes Eichhörnchen in die Flucht getrieben, ehe es irgendwann auf die kleine alte Frau stieß, die in den Gemüsebeeten hinter dem Schlößchen mit heftigen Bewegungen Unkrautbüschel ausriß. Umgeben von weiten grauen Röcken kauerte die kleine Berner Großmutter Lina am Boden, Ordnung schaffend zwischen Zwiebeln, Salatköpfen, Rüben und Petersilie, während eine glühende Junisonne auf sie herunterbrannte. Kaum ausgerissen, welkte das Unkraut. Lina hatte schon einen ganzen Haufen davon neben sich. Ein sonderbares Bild gaben die beiden ab, die alte Frau und das Kind, und ihr Gespräch war bemerkenswert. Das Kind stand jetzt neben der kauernden alten Frau und blickte, plötzlich größer als diese, auf ihren Kopf hinunter, während es bisher immer umgekehrt gewesen war. Das Kind sah auf Linas dünn gewordenes weißes Haar, das in der Mitte exakt gescheitelt, straff nach hinten gezogen, zu einem dürftigen Zöpflein geflochten und zu einem ebenso dürftigen Knötchen festgesteckt war. Die dünnen weißen Haare vermochten die Kopfhaut nicht mehr zu bedecken. In aufreizendem, dunklem Rosa schimmerte die Haut durch die Strähnen. Der Anblick war dem Kind sehr unangenehm. Unanständig nackt schien ihm diese rosarote Kopfhaut, ein skandalöses Zeichen von Alter und Verfall. Es hatte diesen Anblick nicht gesucht und fühlte sich dennoch schuldig, Linas Intimität verletzt zu haben. Gleichzeitig aber war es von seiner Entdeckung fasziniert und setzte die erbarmungslosen Betrachtungen fort. Es registrierte die winzigen Schweißperlen auf Linas Stirn, die tiefe, steile Falte zwischen ihren Augenbrauen über der schönen, geraden, kräftigen Nase. Der typischen »Burri-Nase«, wie Mama sagte. Die senkrechte Falte an Linas Nasenwurzel war das sichere Zeichen dafür, daß die kleine Großmutter wütend war, und das war sie eigentlich fast immer. Ohne aufzublicken, jätete Lina weiter. Das Kind beschloß abzuwarten.

Unsereins, brachte Lina schließlich mühsam hervor, während sie ihr Unkraut nicht aus den Augen ließ, hat eben immer *gearbeitet*! Dann schwieg sie bedeutungsvoll. Das Kind rätselte an dem kargen Satz herum und hoffte auf einen nächsten. Gesprächig war Lina nie gewesen.

Bei uns daheim war eben alles anders! Da gab es keine..., Lina suchte nach Worten, ... keine Gefühlsduseleien! rief sie schließlich triumphierend.

Wie war es denn, Großmama? fragte das Kind Emilia Albertina, genannt Milchen.

Linas darauffolgender Bericht war von ungewohnter Länge, sie erzählte stockend, schwerfällig, mit Unterbrechungen, und aus ihrer Aufregung zu schließen war es etwas sehr Wichtiges, das sie mitzuteilen hatte. Es sollte die einzige Geschichte der Berner Großmutter bleiben, an die Emilia Albertina sich später erinnerte.

Mit siebzehn sei sie, die jüngste Tochter des jähzornigen Viehhändlers Burri in Burgdorf, kräftig wie ein Bursche gewesen, erklärte Lina etwas großspurig. Sie konnte mit dem Pferd umgehen und allein ein vollgeladenes Grasfuhrwerk führen. An einem Frühlingsmorgen des Jahres achtzehnhundertzweiundachtzig wollte sie eine Kuh und einen Stier nebeneinander vor den Karren spannen. Weil die Kuh stierig war, kam es zu Gewalttätigkeiten des Stiers, die Wagendeichsel splitterte, der Karren überschlug sich, der Lärm war entsetzlich, das Chaos zwischen Stier, Kuh, Karren und Lina total. Und der verzweifelten Lina flogen die Peitschenhiebe des herbeieilenden Vaters, des Viehhändlers Emil Burri, um den Kopf, daß die Haarnadeln, mit denen sie ihre knisternden Zöpfe hochmachte, in der Kopfhaut steckenblieben.

So war es eben bei uns! sagte die kleine Berner Großmutter, und der leise Triumph in ihrer Stimme war nicht zu überhören.

Eine winzige Emilia Albertina hatte sich diese Geschichte angehört und blieb einigermaßen ratlos damit zurück. Sie versuchte sich das vorzustellen: Lina, Kuh, Stier, Karren und den jähzornigen Urgroßvater. Dunkel ahnte das Kind, daß Lina sein Verständnis, seine Bewunderung suchte. War Lina vielleicht eine Heldin? Oder wollte Lina damit sagen, daß sie nichts vom Leben im Schlößchen hielt? Wenig vom Sohn, und sicher noch weniger von Mama, Else, der Schwiegertochter, dieser »feinen Dame, einer Studierten«? Ganz offensichtlich war Lina auf Eigenwerbung aus. Ob sie nun als junge Heldin Applaus verdiente oder nicht – Emilia Albertina brachte kein Wort heraus. Und da sie nicht wußte, wohin mit der seltsamen Geschichte, beschloß sie, diese in tiefstem Vergessen unterzubringen, wo sie jahrzehntelang ruhte. Und doch muß sich damals in ihrem Innersten wenn nicht der Keim zur Liebe, so doch zu einer Art von Mitleid mit Lina eingepflanzt haben.

Ich sehe das Kind von damals vor mir. Es ist mir eigenartig fremd, und doch kenne ich es. Ich war dieses Kind. Mit seinen Augen sah ich Linas rosarote Kopfhaut, die mich schaudern machte. In meinem Körper schlägt sein Herz, der Blutkreislauf dieses Kindes ist der meine. Sein kleines Skelett hat sich gestreckt und gekräftigt, und ich stehe auf den Füßen, die damals neben Lina standen. Ich bin Emilia Albertina Iten, Tochter des Kupferschmiedmeisters Emil Iten aus Oberägeri und der aristokratischen Else C., die aus der alten Donaumonarchie kam, um die Weite der Welt und ihr helles Lachen in die Ehe zu bringen. Ich bin das Kind der hinreißendsten Mésalliance, das Mädchen mit den geliehenen Vornamen des Knaben, der Emils Firma hätte übernehmen sollen: Emil genannt nach dem Vater (und dem Berner Urgroßvater Burri) und Albert nach dem mütterlichen Großvater in Österreich. Um dem Tod ein Schnippchen zu schlagen, gab man Neugeborenen die Namen der Vorfahren, worauf diese unsterblich wurden. Die mütterlich-großmütterlichen Vornamen waren bereits an die erstgeborene Tochter Elisabeth Angelika (genannt Elsele) vergeben. Darauf erwartete man also den Stammhalter. Den künftigen Kupferschmied. Um Mädchennamen hatte man sich gar nicht erst bemüht (um so mehr als sich die kleine Berner Großmutter Lina ihres schwierigen Charakters wegen nicht gerade für die Unsterblichkeit anbot). Es war Emil hoch anzurechnen, daß er seine Enttäuschung über die zweite Tochter umgehend vom Tisch wischte. Was ihn nicht hinderte, ihr, Emilia Albertina, die Geheimnisse des Kupfers beizubringen.

Den Beruf einer Kupferschmiedin aber konnte man vergessen. Emil hatte der Fünfjährigen vorgemacht, wie der schwere Vorschlaghammer bei durchgestreckten Armen über den Kopf hochzuschwingen war, ähnlich Ferdinand Hodlers Holzfäller auf der damaligen Fünfzigernote, um dann mit vollem Gewicht, sozusagen spielerisch, federnd, fallengelassen zu werden, wieder und wieder und wieder, mit der unermüdlichen Hingabe und Geduld des Handwerkers, in einem nur über Generationen erlernbaren Rhythmus, um einen kupfernen Käskessiboden von einsachtzig Durchmesser auf dem bloßen Erdboden ganz langsam, sanft und konstant rund auszuhämmern. Kling, kling, tang, tang. So ging die Melodie! Emil der Held! Hingerissen war die Kleine. Bereit zur Kupferlegende.

Es war eine sehr alte Geschichte. Sie begann mit den Urgroßvätern Bonaventura I und II, dem Onkel Bonaventura III, Männern der »buona avventura«, des »guten Abenteuers«, mit dem Großvater Christian und den ungezählten Kupferschmied-Onkeln und Vettern, die sich bis nach Zug hinunter und hinüber nach Küßnacht ausbreiteten. Eine ganze Kupferdynastie. Wie jedoch kamen die Iten zum Kupfer? Und: Wie entsteht Leidenschaft? Hatte vielleicht einer von ihnen eine wilde, schöne Rothaarige geheiratet, die ihrem Sohn diese Zärtlichkeit zum rosigen Metall ins Herz legte? Wie auch immer: Ganz zuoberst im Geäst des mächtigen Familien-Stammbaums in Ägeri, der 1463 mit dem Ammann Johann Iten beginnt und beweist, daß Einer sich tatsächlich »wie Sand am Meeresstrand vermehren« kann, sind fünfzehn Generationen später diese Kupferschmied-Iten im Ried zu finden. Ihre dunkle Werkstatt hatten sie im Doppelhaus am Bach, dessen Wasser sie zum Löschen ihrer Feuer benutzten. Auch Gerber, Färber und Sager der gleichen Sippe lebten dort. Die Gerber-Iten wässerten im Bach ihre Tierhäute, die Färber-Iten füllten mit dem Wasser ihre Farbbottiche und spülten die gefärbten Tücher klar, die Sager-Iten trieben die scharfen Sägen damit an. Dorthin folgte die junge Bernerin ihrem Kupferschmied, das Bündel mit dem kleinen Emil im Arm.

Wenn es zutrifft, daß ein Mensch erst durch die Liebe, die er in andern Menschen zu wecken imstande ist (selbst wenn es nur ein einziger ist!), existiert, dann hat es Lina vielleicht gar nicht wirklich gegeben. Möglicherweise ist von ihr nur die Erinnerung an einen Duft zurückgeblieben, der das Bewunderns- und vielleicht Liebenswerteste an ihr war: der ungeheuer frische, beinahe elegante Duft nach »Kaisers Borax«, einem feinen weißen Pulver, das sie dem Wasser in der großen Waschschüssel beifügte, mit welchem sie auf ihrem Zimmer

Toilette machte. Öffnete Lina ihren Kleiderschrank, strömte einem dieser Duft engegen, kam man in ihr Zimmer, atmete man ihn ein. Lina war außerordentlich reinlich. Vielleicht konnte man ihren Duft lieben.

Vielleicht bestand Linas Gefühlswelt aus Gerüchen. Selten mögen sich Gedanken daraus geformt haben. Lina roch frisch geschnittenes Gras und wußte: es ist Frühling. Wenn die Linden blühten, begann der Sommer. Dann kam das Heu. Und der Hagel, der die Blätter der Kirsch- und Birnbäume zerhackte, daß es entsetzlich nach geschnittenem nassem Grünzeug roch. Lina erschrak über den schweren Blutgeruch des geschlachteten Schweins, von dem einem fast schwindlig wurde, und beruhigte sich wieder, sobald sie das Schweinefett in der Pfanne zu Grieben ausließ. Sie liebte den Geruch des Stalls und die Sanftheit der wiederkäuenden Kühe. Sie atmete den Unterschied ein von Pferd, Rind, Huhn, Schwein. Ein mit Schmierseife frisch gescheuerter Holzboden war für Lina ein Geruch großen Friedens. Kernseifenschaum roch wieder anders, er gehörte zum Dampf in der Waschküche und endete im Duft frisch gebügelter Wäsche.

Soweit ich mich zurückerinnere, rannte die kleine, kräftige Frau, meine Großmutter Lina, in einer Art unerlöstem Ingrimm herum, einem Kreisel gleich, ihren bodenlangen gefältelten Rock und die darüber gebundene Halbschürze in nimmermüdes Rotieren versetzend. Dabei ruderte sie wild mit beiden Armen, im unaufhaltsamen Drang, alles Unerledigte eilends aufzuarbeiten, was natürlich nie im Bereich ihrer Möglichkeiten liegen konnte, denn das Unerledigte schuf sich andauernd neu. Nie wäre mir, damals, eingefallen, nach Linas Einfluß auf unser Leben im Schlößchen zu fragen. Vielleicht hatte sie ja tatsächlich eine geheime Bedeutung, von der nicht einmal sie selber wußte, eine Wirkung, die nicht leicht zu entziffern und unter Umständen fatal war.

Lina, zuständig für die Materie, übernahm den Haushalt im Schlößchen. Darauf verstand sie sich, während Else, es sei zugegeben, keine Ahnung davon hatte. Grund genug, sich Linas Verachtung aufs Haupt zu laden! Else hatte in Wien Naturwissenschaften studiert und sich auf eine akademische Laufbahn vorbereitet. Sie beherrschte fünf Sprachen, konnte Bilder malen, wunderbar erzählen (eigentlich wollte sie Schriftstellerin werden), Opernarien singen, hinreißend Klavier spielen und alle Köstlichkeiten der böhmischen Küche auf den Tisch zaubern. Ihre Aufgabe war es, Emils Bücher und seine umfangreiche, in späteren Jahren recht aggressive Korrespondenz zu führen. Emil diktierte mit lauter Stimme, dabei mit großen Schritten das Zimmer durchmessend. Else, sagte er, wir werden dem Mattmann – oder wie immer der Adressat hieß – einen scharfen Brief schreiben! Else stenografierte (auch das konnte sie) aufmerksam mit, schrieb das Ganze in die Maschine, kopierte das Schreiben auf einer umständlichen Kopierpresse und ordnete es in dicke Geschäftsbücher ein. In Wirklichkeit aber war Else für die Freude, das Immaterielle und die Zärtlichkeit zuständig. Während Lina im großen Haus herumkreiselte, improvisierte Else im blau-weißen »Porzellan-Zimmer« auf dem Wiener Flügel (den sie tatsächlich aus Wien hatte) Melodien von Chopin und Schubert, leicht flogen ihre schönen Arme über die Elfenbeintasten, strahlend hell war Else dann wie die alte österreichisch-ungarische Monarchie, aus der sie kam, jene vergangene Pracht, die unter Elses Händen – vielleicht – ein vorletztes Mal zu flüchtigem Leben erwachte. Und wir Kinder lehnten uns, verzaubert, an Else und lauschten.

Daß Lina solches nicht zu begreifen vermochte, lag auf der Hand, ja, solches überhaupt zu ertragen, mußte furchtbar für sie sein. Wie sie dagegen mit dem schweren Bügeleisen hantierte! Wie sie die Kochtöpfe schwang! Wie sie den Dienstmädchen auf die Finger schaute (um sich handkehrum wieder mit ihnen gegen Else zu verbünden)! Wie sie die kostbaren Leintücher aus Elses Aussteuer auf dem bleichgescheuerten, riesigen Waschbrett aus dem Bernbiet »prätschte«, daß die handgearbeiteten Spitzen und die vornehmen Monogramme nur so zerfetzten! Aber Mutter, sagte Else dann hilflos, schau, wie das alles kaputtgeht! Doch die resolute Lina, Großmutter, sagte nein, das muß geprätscht werden, so muß das gemacht werden und nicht anders. Das ist richtiges Waschen. Ich kann ja nichts dafür, daß deine Ware nichts wert ist. Wieder und wieder schleuderte Lina, eine kleine Titanin in schwingenden Röcken, draußen im Park vor der offenen Waschküchentür die eingeseiften, nassen Leintücher mit kunstvollem Wurf durch die Luft auf das Brett, ließ sie auf dem glatten Holz hinschlittern, daß der Kernseifenschaum sie durchtränkte und durchwalkte. Die Technik war beeindruckend. Unbewegt sah Lina zu, wie das blütenweiße Linnen der verhaßten Schwiegertochter barst.

Oben in ihrem Zimmer hingen die beiden fast lebensgroßen Portraitfotos von Lina und Christian. Sie zeigten das Paar im Dreiviertelprofil zum Zeitpunkt der Hochzeit. Lina blickte von links nach rechts, Christian von rechts nach links, so daß sie sich einander zuwandten. Scharf wie Stahlstiche waren die beiden Schwarzweiß-Bilder in feiner Körnung gezeichnet, die Konturen weich verlaufend im weißen Bildhintergrund. Lina in streng gefälteter Bluse mit kleinem Stehkragen, das dunkle Haar sauber zurückgekämmt, mit hart blickenden Mandelaugen (deren Mandelform die Härte milderte) und kräftiger, sehr gerader Nase über dem feingeschwungenen Mund. Etwas Südländisches hatte Lina, etwas, das begeistern konnte. Einen Herrscherinnenkopf mit fast griechischem Profil.

Was war es nur, das die junge Bernerin mit dem regelmäßigen, etwas überheblichen Gesicht zum blassen Kupferschmied mit den kindlichen Augen und dem mächtigen, hochgezwirbelten Schnurrbart zog? War er etwa der Mensch, an dem sie ihre Herrschsucht erproben konnte? Ahnte er in ihrer schönen, starken Weiblichkeit einen Schutz und eine Kraft, deren er dringend bedurfte? Bleich und ein wenig besorgt blickte der junge Kupferschmied Christian Iten zum Fotografen, in sauberem weißem Hemd mit kleiner Schleife unter der dunklen Tuchjacke.

Es kann keinen Zweifel darüber geben, daß die Bernerin Lina Burri in der Ehe das Regiment führte.

Lina, gelernte Glätterin, wie alle weiblichen Personen ihrer Zeit zu Bescheidenheit angehalten, half mit Zwanzig im »Bären« als Serviertochter aus und fing mit dem schüchternen jungen Kupferschmied, der im Ort die Rekrutenschule machte und anschließend in der Burgdorfer Kupferschmiede des Onkels Bonaventura Iten als Geselle arbeitete, eine Liebschaft an.

Wie beginnt »Liebe«? Bewunderte Christian, vom wohlig-warmen Halbdunkel in der Wirtschaft um jeden Widerstand gebracht, die resoluten Bewegungen, mit denen Lina den Wirtstisch abwischte? Sah er die kraftvolle Biegung ihres Rückens? Die Reinheit ihres Nackens? Das weiche Fleisch ihrer Wangen? (Keiner behaupte, daß Lina nichts bemerkte und ihrerseits nicht das Feuerchen etwas anheizte!) Atmete er, wenn sie ihm sehr nahe kam, das Glas vor ihn hinstellte, ihre Frische? Oder löste eine kaum merkliche Drehung, ein Aufblitzen in Linas Mandelaugen jenes freudige Erschrecken in Christians Magengegend aus, von dem man nicht sagen kann, ist es eine Gnade oder ein Schreck? Sicher ist, daß nicht er in jener Sekunde die Entscheidung fällte, welche Lina, Christian und weiter sogar schon den Sohn Emil betraf (obschon noch niemand von diesem wissen konnte), sondern etwas Todsicheres in seinem Innersten, auf das sein Wollen keinen oder nur einen sehr geringen Einfluß hatte. In jenem Augenblick fügten sich bis anhin richtungslose Kräfte zu einer neuen Ordnung, und damit begann die Entstehungsgeschichte des Menschen Emil.

Nun unterschied man damals sehr genau zwischen einer Bekanntschaft und einer Liebschaft. Bekanntschaft, das war die Zuneigung (auf die man immerhin hoffte), das Ehrenhafte und Rechtschaffene, eine Beziehung zwischen jungen Leuten, welche die Heirat und damit die Fortsetzung der Familien, das Gedeihen, Wachsen und Mehren (vor allem das Mehren lag einem am Herzen) des beidseitigen Hab und Gut zum Ziel hatte. Nicht mehr und nicht weniger hatte der Mensch den Gesetzen der Auswahl zu gehorchen als die kostbaren Tiere, das Saatgut, die Obstbäume. Eine solche Verbindung konnte auf das Wohlwollen der beteiligten Familien, der Väter, Mütter und der ganzen Verwandtenschar zählen, was ja durchaus verständlich war, wenn man die Pracht, die Hablichkeit und den Reichtum des Emmentals in Betracht zog und die Möglichkeiten, die sich, durch ausgewählte Heirat, in kommenden Generationen ins Wunderbare und Unvorstellbare steigern konnten und sollten. Von Ewigkeit zu Ewigkeit! Wer den Herrgott fürchtete und den Eltern gehorchte, war auch Ihm wohlgefällig, auf daß Er seinen gütigen Mantel über menschliche Unzulänglichkeiten wie Habgier oder Heuchelei ausbreitete und seinen göttlichen Segen spendete.

Nur vor den Leidenschaften fürchtete man sich wie vor dem Teufel, obwohl Gott ja auch diese geschaffen hatte. Eine einzige Liebschaft konnte die schönsten Pläne zunichte machen. Eine Liebschaft war das Gefährliche, Anrüchige, Verbotene, von dem hinter vorgehaltener Hand nur geflüstert wurde. Daß die Grenze zwischen Bekanntschaft und Liebschaft, der Übergang vom einen zum andern Zustand, auf einem sehr, sehr schmalen Grat verlief, ließ sich nicht abstreiten. Man mußte weiß wie aufpassen. Man mußte die jungen Leute streng halten, gehorsam und gottesfürchtig, auf daß menschliche Leidenschaften keinen Strich durch menschliche Rechnungen machten. Und wenn ein paar törichte alte Frauen (die nichts mehr zu verlieren hatten) dahersagten, die schönsten Kinder seien die aus den Liebschaften geborenen, so mochte sich kein vernünftiger Mensch solches anhören. Dummes Altweibergeschwätz war das. Und außerdem eine Beleidigung für jede anständige junge Frau!

Die frisch duftende Lina aber hatte Vater, Mutter und Pfarrer vergessen. Ich meine es ernst, dachte Christian Iten noch einen Augenblick lang, wie es sich für einen anständigen Jüngling gehört, ehe er seinem unbändigen Sehnen nachgab. Linas gesunder junger Körper empfing ihn mit Staunen, Schrecken und bald mit immer innigerer Freude, und sie war es, die immer neue Verstecke fand, in denen sie ihre Gier stillen konnten.

Lina hatte ein schlichtes und wildes Herz. Als sie wußte, daß sie ein Kind erwartete, begann ihre lebenslange Auflehnung gegen den Sohn, der ihr Schicksal bestimmen und sie zur Heirat mit dem Kupferschmied Christian Iten zwingen und nach Oberärgeri führen würde. Und als sie erkannte, daß Emil einen ungewöhnlich starken Charakter und hohe Begabungen hatte, wuchs ihre Bitternis erst recht. Die Zeitspanne einer ganzen Generation brauchte sie, um ihn – und damit ihr Schicksal – anzunehmen. Erst in ihrer spontanen Zuneigung zur Enkelin Emilia Albertina, die dem ungeliebten Emil in manchem glich, versöhnte sie sich auf ihre Art mit ihm. Ihr vermachte sie die winzigen goldenen Ohrringe, den einzigen Schmuck außer dem Ehering, den sie besaß.

Emil

Lina hatte vielleicht den langen, schwarzen, »auf Brust« gearbeiteten Sonntagsmantel aus glänzendem Wollserge an, als sie im Frühling 1886 mit dem neunmonatigen Emil nach Unterägeri zum Fotografen ging. Der feine Duft von Kaisers Borax war um sie. Das Kind auf dem Arm schritt sie in ihren flachen schwarzen Schuhen weit und energisch aus, ganz leicht mit dem linken Bein rotierend. Dieses sonderbare Rotieren, das sie bis ins Alter behielt, gab einen Eindruck von Ungeduld, aber auch von Durchschlagskraft. Sie hatte diese Eigenartigkeit übrigens an den Sohn Emil und dessen erstgeborene Tochter Elsele vererbt, und wer weiß, wie viele Generationen nun mit dem linken Bein ganz leicht weiterrotieren werden? Auch die schöne gerade Burri-Nase hatten die beiden von ihr, ein fast griechisches Profil, das sie, wie Lina, mit vorgerecktem Kinn trugen, einen »Herrscherinnenkopf«, den man sich gebeugt nicht vorstellen konnte oder der, falls es jemandem gelingen sollte, ihn zu beugen, seinen Stolz nie verlieren würde. Vor allem bei Emil und Elsele nicht, die hochaufgerichtet daherkamen. Linas beeindruckender Kopf hingegen wirkte immer etwas zu groß für ihren kleinen, kräftigen Körper, irgendwie paßte er nicht ganz. Und man wurde den Eindruck nicht los, daß dieses Mißverhältnis vielleicht der Grund für Linas Wutanfälle war.

Nehmen wir also an, daß Lina tüchtig ausschritt auf der Landstraße von Ober- nach Unterägeri. Möglicherweise aber gingen Christian und Lina mit dem Kind zusammen zum Fotografen Bürgi, der bei dieser Gelegenheit nicht nur das Büblein ablichtete, sondern auch die beiden großen Portraitbilder des jungen Paares aufgenommen haben könnte. Eine Familienfotosession, sozusagen. Lina würde dementsprechend eine ihrer dunkelgrauen Biesenblusen zum langen schwarzen Rock getragen haben, und auch der Kupferschmied Christian wäre sonntäglich herausgeputzt. Vielleicht nahm der Fuhrmann die drei vom Ried nach Unterägeri mit. Christian kannte den Weg auswendig. Als Junge war er ihn zwei Jahre lang tagtäglich mit Nussbaumer Johann vom Kalchrain zu Fuß gegangen, um, damals ungewöhnlich, die Sekundarschule in Unterägeri zu besuchen. Oberägeri hatte erst ab 1883 eine Sekundarschule.

Diesen Weg also gingen jetzt Christian und Lina mit Emil auf dem Arm. Die wichtigsten Lebensdaten führten zum Fotografen: Hochzeit, dann der Erstgeborene auf weißem Schaffell sitzend, hoch aufgereckt, acht oder neun Monate alt, und schon hatte er das längliche Gesicht Linas mit diesem Ausdruck von Unnachgiebigkeit und leichter Arroganz, ein Träger des Hemdchens war wie zufällig über die Schulter gerutscht, der Fotograf hatte noch eine Spielzeugente aufs Fell gesetzt, Emil aber schenkte ihr keine Beachtung, der kleine Emil spielte nicht, war nicht verspielt, sondern bereit und begierig, das Leben zu erlernen. Das nächste Bild von Emil (immer vom Fotografen Bürgi Unterägeri) zeigte ihn bereits als Erwachsenen vor seinem neu erbauten Zweifamilienhaus mit moderner Werkstatt hinter dem Gasthaus Adler im Dorf Oberägeri. Man schrieb das Jahr 1910. Emil hatte für die Hausfassade eine große Firmatafel malen lassen:

KUPFERSCHMIDTE
E. JTEN
INSTALLATIONSGESCHÄFT

Sie würde ihn auf allen Etappen seines Lebens begleiten. Der Fotograf Bürgi mußte sich diesmal nach Oberägeri hinaufbemühen, um den Abtransport zweier riesiger, blitzblanker Kupferkäskessi zu verewigen. Ein Ereignis! Die Doppelkäsekessel von 1400 und 1200 Litern Kapazität waren unterwegs zur Landwirtschaftlichen Ausstellung in Lausanne. Zwei Pferde waren vorgespannt, der junge Kupferschmied Emil, fünfundzwanzig, stand seitlich beim Fuhrwerk, den rechten Arm ans vordere Kessi gestützt, und noch wußte er nicht, daß er in Lausanne die höchste Auszeichnung, die Goldmedaille, holen würde! Unter der Haustür die kleine Witwe Lina Iten-Burri, Glätterin in Oberägeri, und einige Mieter. Die Mieter, die zu Lina sagten, wie Ihr für die Söhne schuftet, Euch abhundet, die werden es Euch nicht danken, Ihr werdet schon sehen! Dies erzählte Lina später der Enkelin Emilia Albertina und sagte, die hatten recht, schau nur, wie der Emil es mir gemacht hat, und die Emilia Albertina erschrak und fragte sich, was ist es denn, das Emil ihr antut, und fand keine Antwort, damals nicht und auch später nicht, und sie wußte nur, daß sie Lina nicht danach fragen wollte.

Feuer und Kupfer und Dampf bestimmten die Tage von Lina und Christian. Mit schweren Bügeleisen, die immer wieder mit glühender Kohle nachgefüllt werden mußten, glättete Lina die schneeweißen Hemden der »besseren Leute« von Oberägeri (von denen viele wie sie Iten hießen), legte die Hemdkragen in Stärkewasser ein, um sie mit heißem Eisen unter leisem Knistern trockenzubügeln, ohne, wohlgemerkt, je die geringste Kohlespur zu hinterlassen, den reinsten Triumph weißer Wäsche feierte sie, während der Kupferschmied Christian in seiner schwarzen Bude mit schwarzen Händen Kupferpfannen aushämmerte, sie mit zischendem, silbrigem Zinn ausschwenkte, dieses mit einem weichen Lappen verrieb, geduldig darauf wartend, daß sich die feine, gleichmäßige Folie an den Pfannenwänden festsetzte und hart wurde. Lina bügelte und bügelte, als ob ihr Seelenheil davon abhinge, schichtete Stöße frischer Wäsche in Weidenkörbe, wusch, stärkte und sprengte Wäsche ein und schüttete weißes Kaisers-Borax-Pulver in ihre Waschschüssel. Christians Haut aber wurde tagtäglich schwärzer, und die Kleider waren schwer vom Metallgeruch des Kupfers. Als der Bub Emil soweit war, daß man ihn zum Austragen brauchen konnte, mit acht oder neun Jahren, Zweit- oder Drittklässler, war er nach der Schule unterwegs zu dunklen Gehöften, stundenlang, bis hinauf nach Alosen, Sattel, Gottschalkenberg, Vaters frisch verzinnte Pfannen auf dem Rücken, schon mit diesem Kupfergeruch an den Händen. Bei Nässe und Schnee wanderte er in die einsame Dunkelheit der Voralpen, von Angst vor den großen Hofhunden gepeinigt, die ihn verbellten und ihm nachstellten (er mußte seinen ganzen Mut zusammennehmen, sie ansprechen und zu seinen Verbündeten machen!), ehrgeizig, den Auftrag wie ein Mann zu erfüllen, mit dem stolzen Profil der kleinen Mutter und der bedächtigen Blässe des großen hageren Vaters. Klar, daß die Schulaufgaben liegenblieben (die er den Eltern verschwiegen hatte), wenn er manchmal gegen ein Uhr nachts erst heimkam, mit durchnäßten Holzschuhen, und toderschöpft ins Bett fiel. Andrentags vom Lehrer zur Rechenschaft gezogen, Iten, wie kommt es, daß du die Aufgaben nicht gemacht hast, schwieg er sich aus, beim Lehrer und bei den Eltern, und faßte die Prügel. Familien-Omertà in Oberägeri. Und zu lachen gab es wenig, für die Erwachsenen nicht und für die Kinder nicht.

Der Bub wuchs schnell und war ein wenig schmalbrüstig. Bei der ersten Rekrutenaushebung wurde Emil deswegen zurückgestellt, und als es aussah, daß er nicht kräftig genug für den Kupferschmiedeberuf wäre (ein Drama!), schickte man ihn zum Onkel Emil Burri, Linas Bruder, nach Wollishofen, der dort eine stattliche Metzgerei betrieb. Sechs Monate lang trug Emil mit dem Fahrrad die Fleischpakete für die Kundschaft aus und trank täglich einen halben Liter frisches Kälberblut, was ihn dermaßen stärkte, daß er nicht nur in die Rekrutenschule kam, sondern bald mit wachsender Begeisterung den schweren Vorschlaghammer schwang. Voll geheimer Verheißungen schimmerte das Kupfer in Christians dunkler Bude. Emil näherte sich dem rosigen Metall mit einer Zärtlichkeit und ernsten Leidenschaft, die einer Geliebten wohl gefallen hätte. Emil aber ging nicht auf Brautschau. Er träumte von Kupfer. In der engen Werkstatt stand er dem Vater bei, dessen langer Kampf mit dem Grünspan damit endete, daß der Kupferschmied Christian Iten aus und in Oberägeri im blühenden Alter von einundvierzig Jahren an einer Grünspanvergiftung starb, heulend vor Schmerzen wie ein Tier, der Eiter spritzte aus seinem Nabel bis zur Schlafzimmerdecke, nachts lag Lina entsetzt und hilflos neben ihm, kein Doktor konnte mehr helfen.

Zurück blieben die ehrenwerte Witwe Lina Iten-Burri (ihr Leben lang sollte sie sich so nennen) und ihre zwei Söhne Emil, neunzehn, und der drei Jahre jüngere Robert. Vom Tag an übernahm Emil die Werkstatt und die Führung der Familie. Er machte sich daran, die Schulden des zärtlich erinnerten Christian abzuzahlen, unbeirrbar und unerbittlich der störrischen Lina gegenüber. Und doch mit einer Engelsgeduld ausgerüstet, denn: Sie war *die Mutter*! Ihr, Mutter, sagte Emil. Niemals brauchte er das vertraute Du. Erstes Gebot für einen Sohn war es, Vater und Mutter zu ehren (auf daß er lange lebe auf Erden, wie es die Bibel verheißt, und hätte sich Emil, kerngesund wie er war, nicht mit achtzig ins Bett gelegt, um dort in aller Ruhe abzuwarten, bis seine Feinde starben – er entschlief in Frieden, als der letzte seiner vielen Widersacher das Zeitliche gesegnet hatte! – dann hätte er nicht nur siebenundachtzig, sondern ohne weiteres hundert werden können).

Nicht daß Emil besonders fromm gewesen wäre. Er

hatte seine ganz persönliche Moral, die manchmal mit der Bibel übereinstimmte. Es war nicht am Menschen, zu urteilen. Die Rache, an der ihm sehr gelegen war, konnte man ruhig Gott dem Gerechten überlassen. Emil war sich sicher, daß dieser alle Rechnungen auf dieser Erde begleichen würde. Als Emil siebenundachtzig wurde, hatte Gott alles für ihn erledigt.

Erstes Gebot also war es, Vater und Mutter zu ehren, wie immer sich diese aufführen mochten. Ein rechter Freibrief für Lina. Niemandem war sie gewillt, sich zu unterwerfen, nicht dem jähzornigen Vater, nicht dem Sohn (und schon gar nicht der späteren Schwiegertochter!). Nur »ihrem Herrgott«, den sie mehr fürchtete als liebte. Es war ein alttestamentarischer, erbarmungsloser und rachsüchtiger Gott, und doch war er Linas einzige Zuflucht. Der Umgang mit ihm hatte sie hart und selbstgerecht gemacht. Ganz offen gesagt: Lina war eine sehr gottesfürchtige und dabei ziemlich bösartige Frau. Lina schlug sich durchs Leben, so gut sie konnte. Sie betete zu »ihrem« Herrgott (der wußte, wie sie sich abmühte), arbeitete, was das Zeug hielt, war eine umsichtige und sparsame Hausfrau, und als Emil einen Arbeiter und den Lehrbuben Lutz aus Ilanz einstellte, hatten diese Familienanschluß. Was immer das heißen mochte. Emil hatte das heftige Temperament von Lina und vom Großvater Emil Burri mitbekommen, sicher ist, daß Emil und Lina manchmal aneinandergerieten, daß »das Haus zitterte«, wie Emil solche Episoden drohend beschwor. (Auch Emilia Albertina fragte sich später, woher sie diese kleinen Wutanfälle hatte, die sie als Kind durch ihr plötzliches Erscheinen erschreckten und die sich erst mit den

Jahren verloren. Verdankte sie sie etwa Lina? Saß vielleicht der jähzornige Urgroßvater Burri auch in ihren Eingeweiden?)

Emil war stimmgewaltig und hatte einen kräftigen Humor. Nichts konnte seine Kampfeslust für Freiheit und Gerechtigkeit bremsen. Ein freier Schweizer war er, ein Freiheitskämpfer, Abkömmling der Helden vom Morgarten, die keine Obrigkeit, keine Herren in Bern und keine Habsburger fürchteten. Jederzeit und auch heute noch wäre er fähig und stark genug, Felsblöcke auf die Unterdrücker hinunter zu wälzen, auf daß sie im Ägerisee jämmerlich ertranken. Und er lachte sich in die große Kupferschmiedefaust, stolz auf die geniale Kriegslist der Morgärtler.

Niemand kann heute noch sagen, wann genau Emil ein halbes Jahr auf die Walz ging, um Erfahrungen zu sammeln und seine beruflichen Fähigkeiten zu erweitern. Er kam dabei bis »ins Süddeutsche hinüber«. Vielleicht machte er in der Kupferschmiede von Onkel Bonaventura in Burgdorf Halt, der eine Bernerin geheiratet hatte. Da Emil von den Herausforderungen der Gegenwart und des Kupfers dermaßen in Anspruch genommen war, blieben seine Erzählungen über Vergangenes spärlich. Nur Else vertraute er in den langen Nächten des Schlößchens die Geheimnisse seiner Jugend an. Zum Beispiel, daß er gerne viel länger auf Wanderschaft gegangen wäre. Aber: Hatte er nicht die Verantwortung für Mutter und Bruder? Auch bat er Else dringend, niemals industriell hergestellte Vierfruchtkonfitüre zu kaufen, weil er damals in einem der Kupferkessel einer großen Konservenfabrik im Deutschen drüben in ebendieser

Konfitüre einen abgeschnittenen menschlichen Finger schwimmen gesehen hatte. Ich warne Euch! sagte Emil. So geht es zu in dieser Welt der Massenproduktion!

Emil, geboren 1885, fünfte Generation der 1803 offiziell gegründeten Kupferschmiedefirma. Kupfer hatten die Iten wer weiß wie lange vorher schon geschmiedet. 1873 holten sie an der Wiener Weltausstellung den Silbernen Staatspreis. 1880 brachten sie Silber aus Genf, 1887 Silber aus Neuchâtel heim. Und dann kam er, Emil (der Beste!), im Jahr 1910 mit Gold aus Lausanne zurück. Er ließ ein Geschäftspapier drucken, dessen Briefkopf das Bild seiner schönsten Schnapsbrennerei und die diversen Medaillen der Firma zierten.

Emil war trunken von Kupfer und Erfolg. Und doch war es nicht einfach Ehrgeiz, der ihn antrieb. Seine Leidenschaft war die des Künstlers. Der Rhythmus der Hämmer erfüllte sein Herz mit Glück, ungeheure Möglichkeiten spürte er im Kupfer. Wunderbar wölbte es sich unter seinen Händen. Kupfer, das Maß aller Dinge. Der Stoff, aus dem seine Träume waren.

Kupfer!

Kupfer, von den Ahnen in seine kräftigen schwarzen Hände gelegt, Kupfer unter der Haut, in seinem dunklen Blut, seinen zähen Knochen. Und nichts als Kupfer im Kopf.

Seit Lausanne ging es mit dem Geschäft aufwärts, fünfzehn herrliche Jahre lang. Weit zurück blieben der kleine Junge auf dem Weg zu den einsamen Höfen und das Elend in Christians dunkler Bude. Schau nur, Vater! sagte Emil. Sein Aufstieg schien ihm verdient, ja, von einer höheren Macht verliehen, ein gerechter Lohn für sein hohes Können, sein lauteres Denken. Seine Erfolge hielt er in sorgfältig geführten Geschäftsbüchern fest, in seiner vorwärtsstürmenden Handschrift mit gewaltig ausholenden Initialen und kraftvollen Ober- und Unterlängen, die an den Rhythmus der Hämmer erinnerten.

Wir lesen von Käskessilieferungen an Großkäsereien in der Schweiz, in Frankreich, Griechenland, Ostpreußen, Kalifornien. Emil führte Korrespondenz über Grabungs- und Installationsarbeiten für Wasserversorgungen der Frauenklöster Fahr und Au. Er arbeitete mit dem Wasserbautechniker Carl Staub in Baar zusammen (der bald sein bester Freund wurde), dem er umfangreiche Abrechnungen, bis auf die letzte halbe Arbeitsstunde eines jeden Arbeiters und bis auf den letzten Fünfer, zukommen ließ. Er war auf äußerste Korrektheit bedacht. Er hatte alles im Griff. Er baute fahrbare und eingemauerte Schnapsbrennereien, Destillierhäfen, Läuterapparate. Kein Brenner in der Schweiz, der den Iten nicht kannte. Er schrieb Armaturen-, Röhren-, Kupferbestellungen – oft mit der dringenden Aufforderung zu Expreßlieferungen. Er schickte den »Boten Meier« (den Lehrling) mit Bestellnoten für Nägel, Schrauben, Muttern, Draht in die Eisenhandlung nach Zug hinunter. Er verfaßte detaillierte Offerten für Käskessi, Brennhäfen, eine Wasserversorgung für die Klinik »Ländli«, Oberägeri. Oder seitenlange für eine 32-teilige Küchenbatterie in Rein-Kupfer für das neue Sanatorium »Adelheid« der Mme. Ad. Page in Unterägeri; »Probe-Casserolle innert acht Tagen«.

Kein falsches und kein Wort zuviel in prägnant formulierten Geschäftsbriefen. Hingeworfen in dieser erfolgheischenden, kühnen Handschrift. Es sind Bücher einer Leidenschaft, zu lesen wie ein Gedicht zum Thema Kupfer.

Ab Mitte 1911 wurde die Korrespondenz auf der Schreibmaschine getippt. Geschäftlich ein Fortschritt, leider aber auch das Ende der begeisterten Kalligraphie. Am 3. Juni 1911 richtete Emil ein »höfl. Gesuch an den Einwohnerpräsidenten A. Lettner, Oberägeri, um Bewilligung von Nachtarbeit infolge dringender Arbeiten, welche am 10. Juni a.c. (›année courante‹ im damaligen Geschäftsjargon) beendigt sein müssen«. Die Nachbarn werden sich gefreut haben über Emils nächtliche Hammerschläge. Die »dringenden Arbeiten« jedenfalls wurden pünktlich fertig, wie wir aus den darauffolgenden Briefkopien erfahren: Am »Samstag 10. Juni a.c. nachmittags zwei Uhr« fand die Übergabe von zehn (!) Käskessi an die französischen Auftraggeber statt, die zu diesem Anlaß von Frankreich zur Bahnstation Zug angereist kamen.

So ging es zu und her. Emils geräuschvolles Handwerk am Dorfrand aber wurde den Anwohnern zunehmend lästig. Außerdem spürte Emil Expansionslust. 1920 wagte er den großen Sprung: den Bau einer modernen Werkstatt mit Luftdruckhämmern und direkter Schienenverbindung zum Güterbahnhof im aufsteigenden Industrieplatz Emmenbrücke. Hier richtete er sein großes Kupferlager ein (den Ort künftiger Meditationen!), das dem erhofften geschäftlichen Aufschwung entsprechen würde. Postenweise kaufte er Kupfer im Wert von zwanzig- bis dreißigtausend Franken ein. Man hatte großzügig zu denken.

Er holte Großaufträge für die umliegende Industrie herein. Kupferanlagen für die Papierfabrik Perlen. Eine Wasserversorgung über die Reuß nach Rathausen. Und vor der Haustür wartete das Seetal mit seiner blühenden Landwirtschaft, seinen Käsern, Bauern, Schnapsbrennern. Emil beschäftigte sieben Arbeiter und einen Lehrjungen. Gearbeitet wurde mit Hochdruck an sechs Wochentagen während zehn und mehr Stunden. Iten Emmenbrücke war geboren!

Am Sonntag reiste er den Kunden nach. Er besuchte die Brenner und Käser. Er trug seinen dunklen Anzug und den schwarzen Hut. Per Bahn und Postauto fuhr er in die Dörfer, mit weitausholenden Schritten (leicht rotierend mit dem linken Bein!) ging er zu den Bauernhöfen. Von weitem waren ihm die runden Kronen der Kirsch- und Apfelbäume vertraut und die mächtigen, hohen Umrisse der Teilersbirnbäume, deren kleine, kugelige Früchte den besten Birnenmost und den feinsten Träsch hergaben. Er begrüßte die Wiesenblumen seiner Kindheit, Hahnenfuß, Kerbel, Augentrost. Er suchte nach Sauerampfer und Aronenkraut. Die Schönheit der Obstblüte im Frühling machte ihn schwindeln. Auf den Höfen war er ein gern gesehener Gast. Man besprach eine Offerte oder eine Reparatur, versuchte den letzten Tresterbrand oder den leicht gerätzten Apfelmost, eine Wohltat für Emils metallgeätzte Kehle. Stundenlang blieb man am Stubentisch hocken, in Gilet und weißem Sonntagshemd, die Ärmel hochgekrempelt, ging später über den Hof oder in den Keller zur Käseprobe. Das waren Emils Sonntage.

Später würde ihm Else Variationen des dunklen Anzugs und immer wieder den gleichen schwarzen Hut kaufen. Emil konnte keine Zeit für Kleidereinkäufe verschwenden! Auch die hohen schwarzen Schuhe (Größe 47) blieben über Jahrzehnte immer dasselbe Modell aus dem gleichen Schuhgeschäft. Else konnte sie nur nachbestellen. Emils Schuhgröße hatte ihren Grund in seiner ungewöhnlich langen großen Zehe, die den schlanken Fuß überragte (eine Herrscherzehe?) und ihren Platz beanspruchte. Die winzige Emilia Albertina hatte die Aufgabe, diese riesigen Männerschuhe, in denen ihr ganzer Vorderarm verschwand, zu putzen und zu glänzen. (Lina hatte ihr das eingebrockt!) Auf den Treppenstufen beim hinteren Eingang des Schlößchens sitzend, mühte sie sich damit ab, den ganzen Riesenschuh mit schwarzer Schuhwichse einzureiben. Ein mühseliges und außerdem demütigendes Unterfangen. Zum Verzweifeln!

Wenn Emils Sonntagsschuhe unansehnlich geworden waren, wurden sie Werktagsschuhe, ein neues Paar des gleichen Modells wurde für den Sonntag angeschafft. Dieselbe Regelung galt für Anzug und Hut. Der Werktagsanzug roch dann bald nach Kupfer, wie Emil.

Doch wir sind noch nicht ganz soweit.

Wir sehen Emil in besagtem dunklem Anzug und schwarzem Hut auf Geschäftsreise. Wir sind im Jahr 1920. Irgendwo zwischen St. Gallen und Feldkirch sitzt

Emil in der Eisenbahn einer jungen, eleganten, in ein Buch vertieften Dame gegenüber.

Es gibt keinen lebendigen Menschen, der uns über das, was damals genau passierte, Auskunft geben könnte. Wir haben nur Fragmente. Doch diese sind aufschlußreich.

Wir wissen, daß Else das Buch fallen ließ und daß Emil sich beeilte, es aufzuheben. Wahrscheinlich begegneten sich dabei erstmals ihre Blicke. Emil muß sofort gewußt haben, daß dies die Frau war, die zum Kupfer paßte! Denn wie wir alsbald sehen werden, verlor er keine Zeit.

Wir wissen, daß Emil Else in aller Form einlud, seinen Betrieb in Emmenbrücke zu besuchen, um ihn, Emil, näher kennenzulernen und sich ein Urteil darüber zu bilden, ob sie sich ein Leben an seiner Seite vorstellen könnte. Wir wissen ferner, daß Emil, kaum zurück in Emmenbrücke, an den Rechtsanwalt Dr. C. in Schwaz bei Innsbruck, Spezialist für Wasserrechte und Wildbachverbauungen, einen Brief schrieb, in welchem er diesen um die Erlaubnis bat, seine Tochter Else ins nahegelegene Hildisrieden fahren zu lassen – wo sie in einem guten Hotel logieren würde –, damit sie sich ein Bild von Emil und seinem Wirken machen könne. Das Schreiben enthielt außerdem Emils Ehrenwort, »daß Else von ihrem Aufenthalt in der Schweiz so nach Österreich zurückkehren würde, wie sie gekommen war«. Eine Sache zwischen Ehrenmännern!

Else war damals immerhin achtundzwanzig (ein respektables Alter für eine unverheiratete Frau!) und hatte ihre Unabhängigkeit längst unter Beweis gestellt. Sie besaß sogar einen ganz ungewöhnlichen Mut. Nach

Abschluß ihrer Hochschulstudien in Wien war sie nach Rußland gereist, um auf dem Gut ihrer Schwester, die einen russischen Großfürsten geheiratet hatte, den Sommer zu verbringen. In diesem Sommer 1914 brach der Erste Weltkrieg aus, und für Else schlossen sich Rußlands Grenzen. Mit ihrer Schwester, ihrem Schwager und deren beiden Kindern flüchtete sie durch Revolution und Bürgerkrieg, von der Ukraine bis in den Kaukasus. Erst 1918 kam sie, von Flucht und Hunger erschöpft, in den vom Krieg zerstörten Westen zurück, erkrankte an der Spanischen Grippe, die nach Kriegsende Tausende dahinraffte, und genas mühsam. Bei einer Jugendfreundin in Feldkirch sollte sie nun Erholung finden.

Emils Werbung muß beeindruckend gewesen sein. Die geheimnisvolle junge Frau weckte in einem einzigen Augenblick all seine männlichen Möglichkeiten, entzündete seine Phantasie, seinen Eros, der bis zu jenem Tag geschlafen hatte. Nie in seinem Leben hatte Emil so wunderbar leicht mit jemandem sprechen können. Nie hatte ihm ein Mensch so aufmerksam zugehört. Er staunte über dieses nie gekannte Glücksgefühl, das ihn ergriffen hatte. Else war alles, was Lina nicht war. Eine Offenbarung, auf die er immer gewartet hatte. Ein Wunder. Sozusagen ein überirdisches Wesen.

Und Else?

Man kann sich wohl fragen, wie Else das alles erlebte. Wie hätte die Begeisterung, die ihre Person auslöste, sie gleichgültig lassen können?

Stellen wir uns vor, wie sie sich das alles sehr ernsthaft, sehr aufrecht dasitzend, anhörte. In eine ihrer Blusen aus zartem Chiffon gekleidet, teerosenfarben vielleicht, mit Falbeln, Fältchen, von Hand genähten Rollsäumchen, von Hand genäht, weil der Stoff so leicht war, in weicher Wickelform zwei- oder dreilagig um die Taille gelegt, daß eine junge Frau darin aussah wie in einer Wolke schwebend, und dazu der lange, glatte, nur leicht ausgestellte Reiserock. Die Anstandsregeln aus der Jugend – sprich *nie* mit Unbekannten! –, waren ihr auf der Flucht durch Rußland längst abhanden gekommen.

Else war zutiefst menschlich. Ihre außergewöhnliche Bildung hatte ihren Geist unabhängig, Rußland ihr Herz demütig gemacht. Stieg nicht ein neues Zeitalter, eine neue, klassenlose Gesellschaft herauf?

Außerdem war Else ungewöhnlich neugierig!

Else muß den reinen Charakter des großen, einfachen Mannes erkannt haben. Sicher faszinierte sie seine Kühnheit. (Sie spürte, daß er im Grunde scheu, daß seine Kühnheit ihm selber nicht ganz geheuer war.) Lockte sie das Abenteuer, sich auf diesen Kupferschmied einzulassen? Oder war es diese verführerische Schwäche der Rekonvaleszenz, die sie einem so wundervollen Leichtsinn anheimgab, sie jeglicher Vernunft beraubte? Wollte sie ihre spitzenbesetzte Aussteuer (die ihr übrigens vollkommen egal war!) in Emils Kupferschmiede bringen, in seinen kupfernen Marmitten »Kaukasische Ente« schmoren?

Besaß sie eine Spur der Tollkühnheit ihres Papas mit dem feinen französischen Namen, der sich zeitlebens weigerte, eine Eisenbahn zu besteigen, um sich dagegen zwei Pferde und einen Kutscher zu halten? Aufgabe dieses Kutschers war es (außer daß er den Garten besorgte), jeden Sonntag früh den Pferden in Branntwein getunkte Brotbrocken zu füttern (auf die sie übrigens ganz scharf waren!), damit die Tiere »Temperament bekamen«, wie er sagte, und auf der nachmittäglichen Ausfahrt durchbrannten. Darüber war jeweils am Montag in der Zeitung zu lesen. An pikanten Details fehlte es nie. Meist landeten eine oder mehrere der sechs Töchter von Dr. C. im Straßengraben oder winters im Schnee. Manchmal befanden sich auch der Kutscher und Dr. C. in dieser mißlichen Lage. Oder die verstörten Pferde rissen sich vom Gefährt los und stürmten, entsetzt über den Lärm der Deichsel, die sie hinter sich herschleiften, durchs offene Kirchentor hinein und wie die wilde Jagd durch die Sakristei wieder hinaus (Gefährt und Insassen lagen irgendwo am Straßenrand), während die erschreckten Gläubigen und der Pfarrer zu Stein erstarrten. Solches gefiel dem Anwalt Dr. C. (Woraus wir schließen können, daß er, im Gegensatz zu seiner tiefgläubigen Gattin, ein Freigeist war.) Seine Frau und die drei Söhne weigerten sich beharrlich, an diesen Ausfahrten teilzunehmen, während die Töchter sich mehr oder weniger erfolgreich zu drücken versuchten.

Woher immer Else ihre Risikofreude hatte, sei dahingestellt. Es ist anzunehmen, daß Emil schlicht ihr Herz rührte.

Sicher ist, daß sie damals in der Eisenbahn zwischen St. Gallen und Feldkirch Emils Plänen nicht abgeneigt war, ja, daß sie in einem gewissen Sinn schon seine Komplizin wurde. Die Idee des Briefes an Dr. C. muß gemeinsam entstanden sein, die Adresse hatte Emil jedenfalls von ihr. Und so kam es, daß Else schon bald nach Hildisrieden reiste.

Sie sah Emil, der sich ein schickes, khakifarbenes Überkleid besorgt hatte, leuchtenden Auges seine sieben Arbeiter dirigieren. Sie sah (und roch) Kupfer. All das gefiel ihr wohl. Und sie sah Lina, die Emils Junggesellenhaushalt in der Dreizimmerwohnung über den dröhnenden Hämmern führte!

Mutter, sagte Emil, ich darf Euch meine Braut vorstellen. Das ist Else!

Die kleine Lina wischte sich ihre Hände umständlich an der Halbschürze ab und behielt sie dort in den grauen Stoffalten verborgen, während sie, jeden Augenkontakt sorgfältig vermeidend, Else von Kopf bis Fuß musterte.

Aha... esoo Eini! brachte Lina schließlich in ihrem breiten Berneridiom, das sie ihr Leben lang nicht ablegte, hervor. Und da Lina nie lächeln gelernt hatte, unterblieb das Lächeln.

Guten Tag, Mutter, sagte Else, indem sie Lina ihre Hand hinstreckte.

Guten Tag, Elsa, entgegnete Lina schließlich widerwillig. Den »ausländischen« Namen Else hat sie nie akzeptiert.

Else sah auch die rot-weiß karierten Bettbezüge und das große farbige Taschentuch, in das sich Emil geräuschvoll schneuzte. Solches war ihr ungewohnt, und sie dachte, daß sie das ändern würde. Ihre Vorbehalte schienen ihr kleinlich, engherzig. Man mußte dagegen ankämpfen. Die Farbe der Bettwäsche war ja wirklich ein lächerliches Detail. Else Iten, sagte sie zu Emil, ein guter Name für eine Schriftstellerin! Emil lachte. Iten, sagte er, das sei nun beileibe kein seltener Name. Da müsse sie einmal nach Ägeri gehen. Iten, heiße es dort, gebe es »mehr als rote Hunde«!

Emil hatte eine kernige Sprache und eine bemerkenswerte Offenheit. Keiner komme daher und behaupte, Emil hätte sich nur von seiner besten Seite zeigen wollen (und dabei womöglich gar etwas gemogelt!). Else aber war entschlossen, diesen freundlichen Barbaren zu heiraten.

Er würde ihr sein Kupferreich und sein reines Herz zu Füßen legen. Gab es Besseres? Daß er sie in einen Strudel von Ereignissen reißen würde, darin ihr Hören und Sehen und Schreiben vergehen sollten, daß ein Melodrama sie erwartete, in welchem sie die liebliche Hauptdarstellerin war, Lichtgestalt und Tragödin (nie jedoch ganz dem Tragischen anheimfallend, denn sie war Österreicherin!), auf Gedeih und Verderb ihrem wilden Liebhaber ausgeliefert – das konnte Else nicht ahnen, und das war auch nie Emils Absicht.

Vorerst jedoch fuhr Else wieder heim, und jetzt kam unweigerlich Emils nächster Schritt: Er reiste »hinaus ins Tirol«, um bei Dr. C. in aller Form um Elses Hand anzuhalten. Mit vierzig weißen Rosen stand er unter der Haustür, vernahm wundervolles Klavierspiel, wurde hereingeführt – Else war's, die am Flügel saß!

Auch das noch, konnte Emil nur noch flüstern.

Emil sei ein beeindruckender, schöner Mann gewesen damals.

Wir waren alle hingerissen von diesem großen, dunklen, romantischen Menschen, sagten später Elses Schwestern. Einen Anwärter dieser Art hatte das Haus bisher nicht gesehen. Man hatte ja immer gewußt, daß Else eine sehr ungewöhnliche Wahl treffen würde ...

Anderer Ansicht war der Papa. Warum in aller Welt konnte Else nicht diesen Serben, diesen Dr. Savic heiraten, der mit ihr in Wien Chemie studiert hatte. Eine glänzende Partie! Aber nein, Else hatte sich diesen Kupferschmied aus der Schweiz in den Kopf gesetzt! Sehen wir uns den einmal an.

Man begrüßte sich, man schätzte sich gegenseitig vorsichtig ein und kam zur Sache.

So, also heiraten wollen Sie, stellte der Rechtsanwalt Dr. C. fest.

Ich bin gezwungen! antwortete Emil mit fester Stimme. (Von Mann zu Mann hatte man offen zu sein.)

Darauf Dr. C., echauffiert: Und wie soll ich das verstehen?

Emil (schlicht und rechtschaffen): Ich brauche eine Frau für mein Geschäft. (Er hätte ja auch sagen können, beispielsweise: Ich liebe Else! Ob er damit besser angekommen wäre, ist zu bezweifeln. Außerdem verstand sich das ja von selbst. Von Mann zu Mann hatte man auf Sentimentalitäten zu verzichten.)

Dem Rechtsanwalt Dr. C. stieg das Blut in den Kopf. Es kam zum Eklat.

Bilden Sie sich ja nicht ein, brüllte jetzt der kultivierte, temperamentvolle Albert C., daß ich meine Tochter einem *Kuhschweizer* gebe!

Im Haus wurde es totenstill. Der Antrag war abgeschmettert. Wie Emil zum feinen Haus wieder hinausfand, ist nicht überliefert. Es ist anzunehmen, daß er unbegleitet, wie er gekommen war, wieder zum Bahnhof ging, in seinem dunklen Anzug und dem neuen Hut (leicht rotierend mit dem linken Bein).

Emil war geschlagen, tief gedemütigt, aber nicht besiegt.

Stellen wir uns vor, wie er zurückreiste, viele Stunden lang über den Arlberg, über die Grenze, die Ostschweiz nach Luzern, wie er in den Regionalzug nach Emmenbrücke umstieg, wie er heimkam, und wie Lina triumphierend herummurrte. Wolltest eben wieder einmal zu hoch hinaus!

Mit seiner vorwärtsstürmenden Kalligraphie aber schrieb der Kupferschmied Emil Iten an den Rechtsanwalt Dr. C. nach Österreich:

Sehr geehrter Herr Doktor. Sie werden es Ihr Leben lang bereuen, wenn Sie Ihre Tochter Else daran hindern, ihren Weg zu gehen!

Emils Schreiben muß in Schwaz Stoff für Diskussionen geliefert haben. Ein halbes Jahr später schrieb Else an Emil, der Papa sei mit der Heirat einverstanden.

Endlich gönnte Albert C. der begabtesten seiner Töchter die »unmögliche Liebe«. Es muß ihn einiges gekostet haben.

Geheiratet wurde im Januar 1921 »draußen im Tirol« in einer kleinen Kapelle, in weißem Kleid und Brautkranz die vielleicht etwas allzu blasse Braut, in Frack und Zylinder der Bräutigam (Emil wußte, was er sich schuldig war), die Hochzeitsgesellschaft in klingelnden Pferdeschlitten. Die Hochzeitsreise ging nach Lugano, eine kurze Flitterwoche lang, unverhältnismäßig kurz erschien dies Else, und auch das obligate Hochzeitsfoto wurde dort gemacht. Eine Woche hatte Emil freigenommen, mehr lag nicht drin.

Der Wiener Flügel, den Else aus Österreich mitbrachte, mußte mit dicken Seilen in die kleine Wohnung über der Werkstatt hochgezogen werden, weil das Stiegenhaus zu eng war. »Die Prinzessin« nannte man Else in Emmenbrücke, so elegant und so ungewohnt war sie. Die Nachbarinnen aber bemerkten mit einer gewissen Schadenfreude, daß »die Ausländerin« nicht mal Wäsche aufhängen konnte, wie es sich gehörte: Küchentücher zu Küchentüchern, Taschentücher zu Taschentüchern, in Reih und Glied! Nein, Else hängte alles kunterbunt durch- und nebeneinander, und sie versäumte es, die nassen Leintücher schön fadengerade auszurichten und ihnen mit der flachen Hand jenen kleinen Klaps zu versetzen, der sie so glatt fallen ließ, daß man sie nachher kaum zu bügeln brauchte. Emil kaufte Else zwei reinseidene Schürzen, weil Lina sagte, eine Frau müsse eine Schürze tragen. Und Else bemühte sich, sie zu tragen. Manchmal vergaß sie es. Als Else ihren neunjährigen Neffen, den kleinen Russen Leonid, nach Emmenbrücke in die Ferien einlud, wurde gemunkelt, er sei vielleicht Elses uneheliches Kind. Außerdem benützte Else Lippenstift, und wenn sie, was sie gern und oft tat, in die nahe Stadt ging, rauchte sie auf der Terrasse des Café Gotthard Zigaretten und las Zeitungen in allen Sprachen. Bestimmt hat sie einen Liebhaber, dachte die düstere Lina, der ist doch der Emil nicht gut genug. Einmal, als Else heimkam, kauerte »die Mutter« vor den offenen Schubladen ihres Schreibtischs, alle Papiere hatte sie um sich herum verstreut, um nach Liebesbriefen zu suchen, die Elses Untreue beweisen sollten.

Aber Mutter, was fällt dir nur ein? fragte Else fassungslos.

Ach, gab Lina abschätzig zurück, du hast ja sicher ein Verhältnis, bist ja ständig außer Haus! Da hab ich halt nachgeschaut, ob es Beweise gibt.

Else hatte die Revolution und die Schrecken der Flucht in Rußland erlebt, nie in ihrem Leben aber war sie Häme begegnet. Sie war entsetzt.

Hör zu, Emil, was die Mutter von mir glaubt! empörte sie sich. Sie hat meinen Schreibtisch ausgeräumt!

Else sank in seine Arme, und sie spürte, daß er zitterte. Verzeih, sagte er tonlos. Und etwas später: Trotzdem, sie ist *die Mutter.*

Die Mutter eben. Lina konnte Else jedoch nicht besiegen, weil man gegen Else gar nicht kämpfen konnte. Ihre Sanftmut war entwaffnend, ihre Herzensgüte seit vielen Generationen jung. Sicher ist, daß Lina unter der Gegenwart der Schwiegertochter litt, weil es ihr unmöglich war, deren Welt zu verstehen. Emil vergötterte Else. Lina aber würde Else ihr Leben lang hassen.

Bald fand die gebildete Else ihren gesellschaftlichen Kreis: die russische Frau eines Ingenieurs der Kunstseidenfabrik, die Frau des Rabbiners in Luzern, Journalisten, Künstler, Schriftstellerinnen. Mit fabelhafter Leichtigkeit knüpfte sie Kontakte, es gab keine anregendere Gesprächspartnerin als diese junge Österreicherin, die plötzlich hier aufgetaucht war. Sie schrieb Feuilletons und politische Kommentare. Sie übersetzte aus dem Russischen, Englischen, Französischen. Sie wurde Mitglied des Pressevereins und besuchte (ohne Emil!) den Presseball im Hotel Schweizerhof. Wenn sie von der alten Donaumonarchie und von Rußland erzählte, hatte sie atemlose Zuhörer. Luzerns Boheme verstand sich zu amüsieren. Am nächsten Tag erfuhr Emil dann seinerseits bis in die letzte Einzelheit, wie sich das gesellschaftliche Ereignis abgespielt hatte, in einer ihm vollkommen fremden Welt. Else schilderte alles in leuchtenden Farben, und Emil war stolz darauf, daß seine Frau sich unter diesen bedeutenden Menschen bewegte. Er hatte die Größe, sich ohne jede Eifersucht an ihren Erzählungen zu ergötzen.

Else

Spielerisch! Das Leben ein Spiel, sagte Else. War es denn nicht so gedacht, ursprünglich?

Josefine, Frieda, Bianka, Wilma, Else, Valerie. Sechs Schwestern. Eine reizende kleine Verschwörung die vier jüngsten. Sie trugen helle Volantkleider und mußten, leider, die Schnürstiefelchen der älteren Schwestern auftragen. Eine Kinderpein, die nie endete, sich ständig erneuerte.

Und da waren Albert, Rudolf, Toni, die bewunderten Brüder. So ganz besonders kostbar waren sie, weil sie das geistige Erbe der alten aristokratischen Familie weiterführen würden.

Die neun Kinder der C.'s! Sie wirbelten durch das große Stadthaus der Familie, die Sommervilla in Volderwald, mit ihnen jagten die Hunde der Brüder durch Obstgarten und Pferdestall, das Reich des Kutschers. Eine wunderbare, wilde Sache war das. Die Kinderfrau Ria umsorgte die neun Kinder, beschützte, nährte, tröstete, kleidete, verstand sie, einer Mutter ebenbürtig oder besser, rieb ihre Bäuchlein, wenn sie Bauchweh hatten, kochte Kamillentee und heizte den Badeofen. In der dunklen Küche buk die böhmische Köchin Buchteln, Kaiserschmarrn, Strudel und Palatschinken, all die Herrlichkeiten aus den zahlreichen Ländern der Donaumonarchie, kochte Konfitüren ein, bereitete Wildbret und Knödel zu. Bis zur dritten Schulklasse aßen die Kinder »mit der guten Ria«, denn der Rechtsanwalt Dr. C. war ein zwar begeisterter, aber auch nervöser Vater (vor allem wenn ein schwieriger Prozeß anstand), der seine Kinder erst am Mittagstisch duldete, wenn sie »langsam vernünftig wurden«. Und wie konnte die »liebe gnädige Frau« sich um die vielen Kinderchen kümmern, da sie doch mit dem gnädigen Herrn nächtelang Schach spielen mußte, wenn jener nicht schlafen konnte? Jeden Herbst ging er in die Hohe Tatra zur Jagd, während sich die Mama sechs Wochen lang in Karlsbad mit der immer gleichen, eleganten Sommergesellschaft aus ganz Europa zur Erholung traf. Denn: Neun Kinder sind keine Kleinigkeit! Als sich das neunte ankündigte, glaubten die vier kleinen Schwestern gehört zu haben, daß die Mama nun wirklich endgültig genug habe. Sie beschlossen zu handeln. Heimlich wurde ein Sack bereit gemacht, um das Neugeborene kurzerhand zu ertränken. Doch als sie das Knäblein mit den hellblonden Löckchen sahen, den kleinen Toni, und das Lächeln der glücklichen Mama, war der schreckliche Plan alsbald vergessen, und kein Mensch würde je davon erfahren.

Wir befinden uns im Goldenen Zeitalter eines langandauernden Friedens zwischen vielen Völkern, in der Blütezeit der österreichisch-ungarischen Monarchie. (Obwohl dieser Frieden etliches an Diplomatie und staatsmännischem Geschick verlangte und nicht immer auf ganz soliden Füßen stand!) In Zeiten großen Friedens, so sagte man, kämen viele Mädchen zur Welt, während ein unerklärliches Naturgesetz in Kriegszeiten, wenn sehr viele junge Männer starben und neues »Kanonenfutter« benötigt wurde, die Zahl der neugeborenen Knaben anstieg. In der Donaumonarchie überwog die Zahl der Töchter beträchtlich. Mit ihren barocken Armen hegten sie die Fülle des Lebens, bewunderten sie ihre Väter, Männer, Söhne, Brüder und verwöhnten sie mit Zärtlichkeit und einer opulenten Küche. Männer waren selten und kostbar. Die Männer ihrerseits, sanfte Patriarchen, liebten ihre Frauen und Töchter und blickten voller Stolz auf die Entwicklung der begabten Söhne.

Als die liebliche Angelika von G. den früh verwitweten Rechtsanwalt Albert C. kennenlernte, einen vielversprechenden jungen Mann von hoher Intelligenz, hatte sie gerade ihr Diplom als Konzertpianistin am Konservatorium abgeschlossen. (Es verstand sich von selbst, daß sie ihr Können nie einem breiten Publikum, sondern nur im privaten Kreis vorstellen würde.) Ein junger Musiker, der sich in sie verliebt und von ihr abgelehnt worden war, hatte Selbstmord verübt. Man sprach später in der Familie nicht darüber, irgendwie aber erfuhren es die Töchter trotzdem über die vielen Tanten und Cousinen und fanden es sehr aufregend. Wunderschön mußte die Mama gewesen sein, daß sich ihretwegen ein Mann erschoß! Wir befinden uns in den romantischen Jahren des zu Ende gehenden neunzehnten Jahrhunderts, in üppigen Jugendstilgirlanden und entsprechenden Gefühlen.

Die junge Angelika von G. aus ausgezeichneter Familie trug ihr weiches dunkles Haar hochgesteckt, mit kleiner Ponyfranse über großen verträumten Augen, die, wie bei vielen jungen Frauen der Aristokratie, von leiser Melancholie umflort schienen. War es das zu Ende gehende Jahrhundert? Das Gewicht des alten Namens? Eine Ahnung kommenden Liebesschmerzes? Oder das zu eng geschnürte Korsett? Jedenfalls erinnerten die jungen Damen alle irgendwie an die unglückliche Kaiserin Elisabeth, die »schönste Frau ihrer Zeit«. Im Gegensatz zu dieser aber erwarb sich Angelika C. in der Realität langer Ehejahre einen heiteren Ausdruck gesunden Selbstvertrauens und glich später immer mehr der matronenhaften Maria Theresia. In jeder Epoche ihres Lebens war Angelika C. durch und durch Österreicherin.

Die Hochzeitsreise mit Kutscher und Kalesche ging über den Brenner nach Meran.

Der Rechtsanwalt Albert C., letzter Sproß eines alten französischen, seit langem in Tirol ansässigen Geschlechts, fühlte den tiefen und verständlichen Wunsch, seinen Namen nicht aussterben zu lassen. Er hoffte, zahlreiche Kinder zu bekommen, am liebsten natürlich viele Söhne. Man würde die Söhne studieren lassen und die Töchter, diese wundervollen Geschöpfe, gut verheiraten, ausgestattet mit einer sorgfältigen Erziehung, großzügiger Aussteuer (jeder ihren Wiener Flügel!) und Anwartschaft.

Die neun Kinderchen waren eine wundersame Mischung aus verschiedenen europäischen Nationen, ganz im Sinne der länderreichen Donaumonarchie. Der eine sah aus wie ein kleiner Franzose, mit dem feingeschnittenen Gesichtchen des Papas, die andere hatte den klassischen italienischen Typ, die dritte war so ganz blond und österreichisch... Denn französisch war der Papa, österreichisch mit Südtiroler Verwandten die Mama, italienisch die mütterliche Großmama aus Udine. »La dote delle donne di Friul è il seno e il cul«, die Mitgift der Frauen aus Friaul ist der Busen und der Hintern, sagt der nicht eben feine Volksmund, und die friulanische Großmama machte sich einen Spaß daraus, den pikanten Spruch mit einem gewissen Stolz auch in bester Gesellschaft anzubringen. Mit siebzehn hatte sie der vierunddreißigjährige Herrmann von G. nach Innsbruck geholt. Aus bestem Geschlecht er, besten Namens sie (eine Belfanti di Savoia, sagte Else mit entschuldigendem Lächeln, wußte sie doch, daß man im harschen Helvetien wenig Sinn für blumenreiche Verwandtschaften hatte, ja möglicherweise gar der Hochstapelei bezichtigt wurde, aber ich kann nichts dafür, sagte sie, es ist wirklich so, wenn sie das Befremden ihres Gegenübers bemerkte, und sie beschloß, ihre stolze Herkunft, die in Österreich immer noch Staunen erweckte, hierzulande künftig besser zu verschweigen). Die schöne junge Italienerin übrigens war nicht nur jung und schön, sondern auch überaus willensstark, was dem zärtlich liebenden Gatten zeit seines Lebens nur zum Besten gereichte. Schon auf der Hochzeitsreise machte sich ihr Einfluß günstig bemerkbar: Sie heilte ihn von der Spielleidenschaft. (Ganz abgesehen von den schädlichen Auswirkungen des Glücksspiels begehrte sie seine Leidenschaft exklusiv für sich allein!) Eines Abends in Montecarlo ließ Herrmann seine Giuseppina – die er zärtlich »Beppele« nannte – »nur kurz« allein im Hotel zurück, gleich würde er wieder da sein! Und er eilte ins Spielcasino, wo er alsbald sein ganzes Geld verlor. Auf der Hochzeitsreise. Mit der geliebten Frau! Eine entsetzliche Lage. War seine Verzweiflung oder die Angst vor Beppele größer? Jedenfalls wagte er sich nicht ins Hotel zurück. Sollte er sich ins Meer stürzen? Es gab da einen Felsen für Unglückliche in seiner Lage. Fiebernd, ein verlorener Mann, machte er folgendes Gelöbnis: Nie mehr, nie mehr! würde er sich fürderhin an einen Spieltisch setzen, zwei Kirchenfenster zu stiften versprach er, wenn er um Himmelswillen nur sein Vermögen zurückgewann. Keinen Franc darüber wollte er. Dann würde er aufstehn, ein Ehrenmann, und kein Spieltisch der Welt sollte ihn wiedersehn! Von G. spielte die ganze Nacht hindurch. Er gewann sein Geld zurück. Der Morgen graute, als er sich auf den Weg zum Hotel machte. Über den Empfang, den ihm die temperamentvolle Beppele bereitete, gibt es nur Vermutungen. Sie jedenfalls sorgte dafür, daß die Kirchenfenster gestiftet wurden, und Herrmann von G. verzichtete seither aufs Roulette. Eine energische Italienerin bringt vieles fertig.

Für Beppeles Tochter, Angelika geborene von G., Gattin des Albert C.' (der sie zärtlich »Tscheggele« nannte), war die Anwesenheit ihrer Eltern, insbesondere ihrer friulanischen Mama, im geräumigen Stadthaus der Familie sehr hilfreich. Einen Elfpersonenhaushalt plus Kinderfrau, Amme, Köchin, Hausmädchen, Kutscher undsoweiter durch alle Fährnisse des Alltags und außerdem ein kultiviertes, vielen Gästen offenes Haus zu führen, in welchem ein reges Kommen und Gehen von

Bekannten, Freunden, Verwandten, Vettern und Cousinen herrschte, verlangte ruhig Blut und einiges an Organisationstalent.

Die besten Hausmädchen holte man sich aus dem Zillertal, die fähigsten Ammen aus Iglau. Beeindruckende Milchgöttinnen mit gewaltigen Brüsten waren diese Iglauer Ammen, Nährmütter ganzer Generationen von Säuglingen der bessergestellten Kreise. Bis hinunter in die Kaiserstadt Wien waren sie begehrt. Man konnte sie mit den luxuriösen Kinderwagen, darin die kostbaren Säuglinge in Spitzen gepackt lagen, durch die Parks spazieren sehen, ihrer weiblichen Allmacht und Wichtigkeit voll bewußt. Diese Ammengeschichten gab es ja schon im Altertum. Schließlich ist Stillen etwas Animalisches, das die Figur ruiniert und darum lieber den kräftigen Frauen aus dem Volk überlassen wird. Auch in der Donaumonarchie also nährte das Volk den Adel, was beide nicht inniger hätte verbinden können. Die Ammen wurden von ihren Milchkindern oft zärtlicher geliebt als die leiblichen Mütter. Diese wiederum dankten es den Ammen, daß sie, trotz zahlreicher Geburten, ihre Gesundheit (und ihre gute Figur) behalten, ihren Männern begehrenswert bleiben und den vielfältigen Anforderungen des gesellschaftlichen Lebens gerecht werden konnten. Eine eigentlich hinreißende Symbiose!

Und doch: Wieviel Sanftmut und Geduld diese Idylle Tscheggele abverlangte! Dieser tiefe Seufzer jedesmal, wenn es wieder ein Mädchen war, das sie zur Welt gebracht hatte: Mein Gott, das *arme* Kind, was wird es alles durchmachen müssen!

Die übermütigen Töchter in dieser schönsten aller

Welten aber schlugen solch düstere Ahnungen leichtfertig in den Wind.

Im großen Stadthaus der C.'s wohnten auch »die Tantn«, zarte, dünne alte Fräuleins aus Papas Familie, mit spitzen französischen Gesichtchen, in hochgeschlossene schwarze Corsagen voller Falbeln und Biesen eingezwängt, winzige schwarze Spitzenhäubchen auf dem hochgekämmten spärlichen Haar. Jeden Samstag aßen sie gebratene Täubchen, frisch vom Markt, von deren feinen Knöchelchen ihnen mit schöner Regelmäßigkeit eins im Hals steckenblieb, jeden Samstag. Immer wieder mußte der Doktor Riccabona geholt werden, ganz ganz schnell, denn »die Tantn« drohten zu ersticken! Aber auch diesmal ging es gut aus, der Doktor Riccabona holte das Knöchelchen aus dem erschreckten Hals herauf, man durfte aufatmen, und »die Tantn« erreichten bei bester Gesundheit ein biblisches Alter.

Man hatte lauter Zartgefühl und Rücksicht füreinander. (Das reine Gegenteil von Viehhändler Burri in Burgdorf!) Das Wort »konfliktfähig«, das heutzutage jeden dazu berechtigt, dem andern die unerhörtesten Gemeinheiten an den Kopf zu werfen, war damals noch nicht bekannt. Man schätzte Herzensbildung und Diplomatie und kam auch so über die Runden. Und doch, und doch... Man wußte (und man sprach nicht darüber), daß Albert C. in einer Schublade seines Schreibtischs – nebst einer Schachtel feinster Pralinen – eine Fotografie seiner unvergessenen, im Kindbett früh verstorbenen ersten Gattin Luise F. (die sehr schön und sehr reich gewesen sein soll) aufbewahrte, um bei geöffneter Schublade von Zeit zu Zeit dieses Bild zu betrachten und eine Praline zum Mund zu führen. Daß solches Tun die aktuelle Gattin Tscheggele kaum zu freuen vermochte, braucht wenig Vorstellungskraft. Vielleicht hat sich Tscheggele mit ihrer friulanischen Mama besprochen, wie mit dieser Tatsache umzugehen sei. *Wie genau*, ist nicht überliefert. Keinesfalls durfte man riskieren, daß Albert sein Gesicht verlor. Wem hätte das schon geholfen? Vielleicht war das Foto eines Tages einfach nicht mehr da. Oder Albert brauchte im Lauf seiner Karriere die Schublade für anderes. Wer kann das so genau wissen?

Fast jeder Ehemann überlebte damals eine oder mehrere, in der Blüte ihrer Jugend dahingegangene Gattinnen, die ihm meist eine stattliche Anzahl Kinder hinterließen. Der junge Albert C. war mit der kleinen Mariechen allein zurückgeblieben. Die Erziehung überließ er zwei unverheirateten Tanten, Schwestern seines Vaters, der seine Frau ebenfalls früh verloren hatte. Sie hatten schon am kleinen Albert Mutterstelle vertreten. Weil Albert fürchtete, daß sich das kleine Mädchen im Umgang mit den älteren Frauen wenig anmutig und weiblich entwickeln könnte, ließ er ihr Ballettunterricht geben, sobald sie einigermaßen auf ihren Beinchen stehen konnte. Mariechen war zwei Jahre alt, als ihr Vater in zweiter Ehe Angelika von G. heiratete. Erst viel später zogen »die Tantn« und Mariechen ins Haus der Familie C.

Angelika v. G. hatte nie für ihre Freiheit gekämpft, denn sie war frei geboren. Nur Sklaven reden dauernd von Freiheit, sagte sie. Angelika von G. war sehr warmherzig und zugleich sehr vernünftig. Sie hatte klare Ansichten. So hielt sie nichts von einer Frau, die ihrem Mann Szenen machte. Und schon gar nichts von Tränen (außer es waren Freudentränen). Auch die Sache mit Luisens Foto mag ihre Lösung gefunden haben, und es wäre verfehlt anzunehmen, Tscheggele hätte schlicht resigniert. In der österreichisch-ungarischen Monarchie gab es unendlich viele Wege der Konfliktbewältigung, in der Politik wie in den Ehen.

Tscheggele also war frei geboren. Immer hatten ihre Entscheidungen mit Freiheit zu tun. Da war doch dieser alte Baumbestand vor der Sommervilla Volderwald, der Albert, dem Vater ihrer vielen Kinder, so ganz besonders teuer war. Albert, dem Verehrer der Natur, des Waldes, der Jagd. Möglicherweise hatte die Mama die Villa in die Ehe eingebracht. Wie dem auch sei. Als der Papa eines Tages von einer berufsbedingten Abwesenheit heimkam, waren die Bäume einfach weg. Umgehauen. Mama mochte die Bäume ja nie leiden, weil sie die ganze Aussicht verdeckten. Jetzt hatte man die Aussicht. War sie nicht wunderschön?

Tscheggele ... wie konntest du mir das antun! stieß Albert hervor, hilflos vor Enttäuschung. Vor Enttäuschung, ja, und vielleicht auch vor Wut. Es waren immerhin Tatsachen, mit denen man fertigzuwerden hatte! Wie lange braucht ein Baum, bis er achtzehn Meter hoch ist? Sag mir das, Tscheggele, wie lange? (Die Kinder hatten sich vor dem Entsetzlichen in ihre Zimmer geflüchtet.)

Und doch darf diese Ehe als eine überaus glückliche

bezeichnet werden. Das »Patriarchat« (um ein solches handelte es sich eigentlich nur bedingt) zu Zeiten der Donaumonarchie war eben ein ganz besonderes: Wo sonst küßten Männer den Frauen die Hände? Wo war jede Frau eine »Gnädigste« (wenn auch gelegentlich unter patriarchalem Zähneknirschen, vor allem wenn alle beide zu den älteren Semestern gehörten)? Die Männer wußten allzugut, daß sie auf die Huld der Damen angewiesen waren, und die Damen hätten um nichts auf der Welt auf ihre Göttergatten verzichtet!

Wir haben es mit einer zutiefst österreichischen Situation zu tun. Mit dem ganz seltenen Fall eines Macht-Gleichgewichts zwischen Männern und Frauen. Mit einer Hohen Schule des Kompromisses. Jeder wußte, was er zu verlieren hatte. Keine und keiner widerstand den Strukturen dieser alten Familien (die Dienerschaften spielten mit!), an denen Generationen gearbeitet hatten. Ein unauflösbares Gewebe aus Zärtlichkeit und vielleicht auch aus Gewohnheit hielt diese Verwandtschaften zusammen. Ihr Zusammenbruch war so unausdenkbar wie der Untergang der Monarchie.

Albert trug seine Tscheggele auf Händen.

Albert C., der sensible Mann mit Kinnbärtchen, Pince-nez und schmaler französischer Nase unter der hohen Gelehrtenstirn (Else hatte die gleiche), Vater von drei Söhnen und sieben Töchtern, war ein verhinderter Abenteurer. Wir wissen um seine Vorliebe für durchbrennende Pferde (obwohl er diese Risiken auf arbeitsfreie Sonntage verlegen mußte), seine Jagdausflüge in die Hohe Tatra, seine Affinität zu Wildwassern. Als er dem ersten großen Tiroler Wasserwerk am Vomper Bach, das Schwaz, Hall und alle Ortschaften einschließlich Igls mit Licht und elektrischer Kraft versorgte, als Anwalt Pate stand, war auch die Stimmung in der großen Familie elektrisch geladen. Die Kinder wagten kaum zu atmen, wenn eines jener schrecklichen Unwetter über dem Inntal niederging, das mit einem einzigen gewaltigen Blitzschlag das noch unvollendete, kühne Werk vernichten und damit den Papa, der dafür verantwortlich zeichnete, ruinieren konnte. Dann scharten sich die Kinder mit der »guten Ria« um Mama, um zwischen Donner, Blitz und Hagel Rosenkranz um Rosenkranz zu beten ...

Auf Papas Nachttisch lagen die Romane des Friedrich Gerstäcker, Reise- und Abenteuerschriftsteller, und von Jeremias Gotthelf, seinem Lieblingsautor. Wie kein anderer, sagte Papa, kenne dieser die Abgründe der menschlichen Seele. Hochinteressant für einen Anwalt! Von den vier Weltreisen des Herrn Gerstäcker hingegen konnte er, vielbeschäftigter Rechtsanwalt und Familienvater, nur träumen. Das Spektrum seiner Nachtlektüre rundete eine »Geschichte der Assyrer« ab. Und so reiste seine überaus wache Intelligenz nachts zurück in die Jahrtausende.

Draußen im Stall träumten Papas Pferde. In ihrem kleinen Bett träumte Else von Papas Pferden. Schaum vor den Nüstern, mit wild verdrehten Augen galoppierten sie vorüber. An die Rockschöße der »guten Ria« geklammert die Geschwister. Auf dem Stuhl neben jedem Bettchen fein zusammengefaltet lagen ihre Kleider, wie es Ria die neun Kinder tun hieß. Nie konnte man wissen, wann der Blitz einschlug! Feuer konnte ausbrechen! Alle mußten sie in einem solchen Notfall bereit sein zum Aufbruch. Da war keine Zeit, lang die Kleider zusammenzusuchen. Keine Panik. Draußen im Obstgarten reiften die Mirabellen. Wie spannend das war. Der Sommer mit den schrecklichen Gewittern und den süßen Früchten. Papas Elektrizitätswerk. Die Rosenkränze.

Aus Persien zurück kam Großpapas Bruder, der Ingenieur und General Albert von G. Atemberaubende, fremdartige Geschichten erzählte Onkel Albert, der vom Schah nach Teheran geholt worden war, um Straßen, Eisenbahnen und Telegraphenlinien durch das wilde Bergland zu bauen. Vom Bau der Mazenderanstraße, die Teheran mit dem Kaspischen Meer verband, berichtete er, für die 700 Zentner Sprengpulver benötigt und siebenundzwanzig Brücken erstellt wurden. Von der anderen mächtigen Chaussee, die durch Sandwüsten und von Wildwassern durchfurchte Felsengebirge von Teheran nach Sultanabad führte. Vom tiefen Mißtrauen der Muslime gegen ihn, den Christen, das er zerstreuen mußte, ehe er mit ihnen arbeiten konnte. Von wilden Berg- und Steppenvölkern, von Nomaden, alten Karawansereien, Luftspiegelungen und vom sagenhaften Leben am Hof von Nasr-ed-Din, Schah von Persien. Von märchenhaften Palästen und orientalischen Gärten mit stillen Wasserbecken, darin sich die Paläste spiegelten. Von russischen und englischen Diplomaten, die am Hof von Teheran mit allen Mitteln um die Vorherrschaft in Zentralasien rivalisierten. Und vom kleinen königlichen

Prinzen, den er, von G., in französischer Sprache unterrichtete.

Persien strebte im neunzehnten Jahrhundert europäischen Lebensstil und militärisches Know-how an. Fachleute aus dem Westen wurden an den Hof von Teheran geholt, um dies dem Land zu übermitteln. Albert von G. soll im Lauf vieler Jahre diese Aufgaben so glänzend gemeistert haben, daß der Schah ihn bald an den Hof berief. Er beauftragte den Österreicher mit der Bildung militärischer Sondertruppen und verlieh ihm die Titel eines Generals der persischen Armee, den eines »Magerabb-al-Chakan« (Naher des Sultans), eines »Emir Pantsch« (Fürst von fünf Regimentern) und, als erstem Europäer, eines »Khan von Persien«. Goldene Epauletten zierten die Paradeuniform des großen, ernsten Mannes. Eine breite, seidengewirkte Echarpe legte sich diagonal über seine Brust, von der rechten Schulter bis unten links zum Gürtel, die freibleibende Seite, dort wo das Herz sitzt, war mit lauter Orden dekoriert. Als der Schah 1873 zur Wiener Weltausstellung nach Europa reiste, war der *General Albert Gasteiger-Khan* in seinem Gefolge. Es ist nicht auszuschließen, daß die morgenländischen Hoheiten auch die gleißend polierten, in Wien mit dem Silbernen Staatspreis ausgezeichneten Kupferkessel der Iten aus Oberägeri gesehen (Kupfer mußte sie, als Orientalen, interessieren!) und diese, wer weiß das zu sagen? vielleicht sogar bewundert haben ...

Wieviel unergiebiger waren dagegen die Berichte von Onkel Georg, Alberts Bruder! Er lebte als Forscher auf Sumatra. Die Kinder bestürmten ihn, seine Erlebnisse preiszugeben, von denen sie sich weitere exotische

Wunder erhofften. Onkel Georg aber begnügte sich damit, sie blitzschnell an den Händen zu fassen, lachend durch die Luft zu wirbeln und in wildem Rhythmus dazu aus vollem Hals zu singen:
»*Mmtatta Sumatra, mmtatta Java,*
das sind die großen ...
und nicht die kleinen ...
Sundainseln-im-malaiischen Archipel ...«
Dann stellte er die erhitzten Kleinen wieder ab, und damit hatte es sich.

Wer weiß heute noch, was Fülle ist? So lange schon lebte man mit so vielen verschiedenen Völkern zusammen, daß man sich diese, wenn man es denn so ausdrücken darf, sozusagen »einverleibt« hatte. Keine Grenzen kannte die Donaumonarchie! Ungarns Csárdás, slawische Melancholie, Italiens Sinnenfreude, Frankreichs Eleganz – vereinten sie sich nicht in Österreich? In den reizenden Barockpalais (mit einer Vorliebe für Schönbrunn-Gelb). In rauschender Musik. In diesem wiegenden, wienerischen Lebensgefühl.

Alt waren die Familien. Keiner sprach von »Lebensqualität«, auch in besten Kreisen nicht, sondern von »Gemütlichkeit«, was von »Gemüt« kam und sehr, sehr slawisch war. Das Leben bestand aus Wohlwollen, Herren und Diener waren es zufrieden. Ehrgeiz hatten nur die »Parvenüs«, die Neureichen, und deshalb war Ehrgeiz suspekt. Man strebte nach Verfeinerung, Poesie, Menschlichkeit.

Ein Aristokrat, ein Adeliger, erklärte Else mit tiefer Bescheidenheit, das bezeichnete eigentlich »den edlen

Menschen«. Er strebte das Edle im Menschen an. Den edlen Charakter. Natürlich ist dieser Anspruch nie ganz erreicht worden, aber über Generationen hat man sich darum bemüht, ihm so nahe wie möglich zu kommen. Man »kultivierte« den menschlichen Geist, wie man eine Pflanze oder ein Gelände hegt und pflegt, mit Freude und Andacht und Hingabe. So umfassend kannte man schließlich sein Wesen, daß man auch den einfachsten Menschen in seinem Innersten verstand. Und dieser einfache Mensch verstand auch den Aristokraten.

Die Mama lehrte uns, wie man sich aufführen muß. Der Papa lehrte uns den humanen Geist, die Verpflichtung, das Menschliche, sagte Else. Er lehrte uns Demut und Freiheit. Wir vergötterten unsere Eltern. Und niemanden liebten wir zärtlicher als unsere Kinderfrau Ria.

Und man war zutiefst katholisch. Die hohen Volten der Barockkirchen waren erfüllt von den jubelnden Stimmen Mozartscher Messen, von Sanctus, Credo und Kyrie, um die Heiligen in ihren üppigen Goldrahmen schwebten pausbackige Putten-Engelchen, die man für kleine erotische Wesen hätte halten können, hätte man nicht gewußt, daß sie himmlischer Liebe entstammten. Es war ein festlicher, sinnenfreudiger Katholizismus.

Die neun Kinder der C.'s sprachen deutsch, französisch und mit Großmama Beppele aus Udine italienisch. Die Kinderfrau Ria, nicht auszudenken ein Leben ohne sie! lebte nur für die C.'s. Das einzige, was sie für sich persönlich erstrebte, war ein »Begräbnis Erster Klasse«. Dafür sparte sie, denn was brauchte sie sonst? Die Großen Glocken würden läuten, der schönste Leichenwagen, flankiert von vier Lakaien, gezogen von vier trauerflorbehangenen Rappen, würde feierlich durch die Stadt ziehen, und die Leute würden sich verwundert fragen: Was für eine große Persönlichkeit wird hier zu Grabe getragen? Und man würde sagen: Die Ria von den C.'s!

Zeiten waren das. Die Donau war blau, und der Wein blühte. Leicht wog das Leben. Die Damen trugen Roben aus duftigen Stoffen und enorme Radhüte, auf denen Blumen blühten und künstliche Vögel nisteten, und die Reserve-Offiziere in ihren schmucken Uniformen dachten nicht an Krieg, sondern an den Offiziersball. Venus hatte die Hand im Spiel. Andere Länder mochten ihre Schwerter schleifen, während sich Habsburg lieber an die Politik des Heiratens hielt, was der Monarchie Länder und Königskronen eingebracht und manchen Krieg erspart hatte. (Österreichs Waffenschmiede in den tschechischen Skoda-Werken trug das Ihre zum Glanz der Monarchie bei.) Wie anders war Österreich! Wie lebensinnig, wie leicht war seine Geste! Während Preußen den Walzertanz bei Hof amtlich verbieten ließ, drehte und drehte man sich in Wien zu rauschenden Walzerklängen, mit wogenden Décolletés die Damen, atemlos die Herren in ihren vielleicht etwas engen Gehröcken, heldenhaft bemüht, mit ihren Tänzerinnen bis zum letzten Tusch der Kapelle durchzuhalten.

Noch war er da, der große alte Mann in Wien, der Kaiser Franz Joseph mit dem jugendlichen Feuer seiner blauen Augen, mit den wehenden Flügeln seines weißen Backenbartes und seinem eleganten, von allen Journalen gerühmten »elastischen Schritt«, mit dem er der Kalesche entstieg. In seiner kaiserlich-königlichen Hand hielt er das Vielvölkerreich zusammen, Österreich, Ungarn, Böhmen, Mähren, Slavonien, Kroatien, die Bukowina und wie die Länder alle hießen, bis hin zur russischen Grenze, wo die Kosaken wohnten und man die Steppe riechen konnte, und bis hinunter ans Meer. Und über all die Länder fiel dieser wundersame Glanz der Monarchie, es blühten die Länder, es gediehen die Völker, weit reichte des Kaisers Arm. Und falls von den äußersten Rändern des Vielvölkerstaates ein beunruhigendes Zischen oder das Zünden kleiner separatistischer Feuerchen zu vermelden wären, so hätte das überhaupt keine Bedeutung. Mit denen dort unten würde man schon fertig werden.

Und doch: War die wunderschöne alte Donaumonarchie vielleicht etwas müde geworden? Wohnte man einem hinreißenden Sonnenuntergang bei? Wer aber wollte das wahrhaben?

Im Obstgarten reiften die Mirabellen, die Kinder wuchsen heran. So sanft, so nachsichtig, so österreichisch war Else geworden unter ihren sechs Schwestern und den drei Brüdern, die man sehr viel ernster nehmen, ihnen weit mehr Bedeutung geben mußte als etwa den reizenden Schwestern. Den Brüdern, denen man ohne weiteres *alles* verzeihen würde! Nicht Unterwerfung war dies, man täusche sich keinesfalls, sondern vielmehr eine abenteuerliche Komplizenschaft, ein Urvertrauen, eine bedingungslose Zärtlichkeit zum Männlichen. Etwas Jubelndes hatte Else. Eine begeisterte Erwartung. Mochte er denn kommen, der Eine!

Unter den wohlerzogenen jungen Männern gehobener Kreise durfte er kaum zu finden sein. Außerdem, welcher von ihnen hätte den Mut aufgebracht, eine Akademikerin zu heiraten? Das war doch wohl zu riskant! (Else hätte auch keinen von ihnen gewollt.) Denn längst stand fest, daß Else die begabteste der Töchter war. Man (der Papa!) würde sie studieren lassen.

Um sehr weit auszuholen und es sozusagen auf den Punkt zu bringen: Während Lina sich im Jahr 1872 mit Stier und Kuh an der Karrendeichsel abmüht und der wütende Viehhändler Burri mit der Geißel um sich schlägt, begegnen wir Elses Vorfahren beim Studium der Diplomatie, der Wissenschaften, der seltenen Sprachen und der Musik. (Was nicht heißen will, daß ein Viehhändler Burri irgendwo in den weiten Ländern der Donaumonarchie nicht denkbar wäre!) Wir finden Ingenieure im Bergwesen (Salz, Silber), Ärzte, Gelehrte und, ja, auch ein paar Militärs, Äbtissinnen und einen Julius C., der beim Hofkapellmeister Salieri studiert, später Direktor der Wiener Hofoper wird, erstmals Verdi-Opern ins Deutsche übersetzt und inszeniert und sogar als Opernsänger auf Tournee geht, wo ihm namentlich als »Masianello« in der »Stummen von Portici« (vom Komponisten Auber persönlich einstudiert) auch im Ausland große Erfolge zuteil werden... Sein Sohn Julius C. beherrscht als Dreißigjähriger achtunddreißig Sprachen, darunter Chinesisch, Japanisch und Sanskrit, und wird als stiller Gelehrter in einem Leipziger Verlagshaus tätig. Viele Generationen haben darauf hingearbeitet, daß Else nun diesen Kupferschmied trifft, um ihn zu erlösen.

Doch zuerst wird sie noch mit der feinsten Bildung ausgestattet.

Im Gymnasium an der Klosterschule der Ursulinen-Schwestern fiel Else auf durch Intelligenz, Respektlosigkeit und Übermut. (Der Papa war insgeheim stolz darauf.) Sie lernte spielerisch. Es ging sehr fromm zu und her. In Viererkolonnen wurden die Mädchen von den Nonnen auf ihren Spaziergang geführt. Wenn ein männliches Wesen – selbst wenn es ein kleiner Junge war – in Sichtweite kam, mußten alle die Augen niederschlagen. Geradezu lächerlich! Else rächte sich an der Oberin, indem sie ihr eine tote Krähe ins Bett legte. Sie wurde zur Rädelsführerin für alle möglichen Streiche. Zu gern wollten die Klosterschülerinnen wissen, wie die bildschöne junge Nonne, die sie alle vergötterten, ohne die strenge Haube aussah. Ihr Haar wollten sie sehen! In einer wilden Aktion rissen sie ihr den Schleier vom Kopf. Nichts war darunter. Nur ein kurzgeschorener Schädel.

Else mußte zur Strafe stundenlang auf einem kantigen Holzscheit knien. Sie tat es widerspruchslos, mit Todesverachtung.

Else wünschte sich, Ärztin zu werden. Weil Frauen damals in Wien zum Medizinstudium kaum Zugang hatten, wählte sie die Fächer Naturwissenschaften und Chemie, die das neue Jahrhundert beflügeln würden. Die Polin Marie Curie, welcher soeben der Nobelpreis für Physik und später für Chemie zugesprochen wurde, begeisterte und motivierte die junge Studentin.

In Wien lebte Else bei Onkel Otto und Tante Herta. Der junge Cousin Herrie, ein dreister und stämmiger Junge und einziger Sohn, verschwand eines Tages im Alter von zwölf Jahren, zum großen Verdruß seiner Eltern, mit einem Wanderzirkus und tauchte erst viele Jahre später wieder auf.

In Wien stellte sich auch Elses erster ernsthafter Anwärter ein: der Serbe Savic, auch er Student der Chemie. Er wollte Else heiraten und »zur ersten Frau Belgrads machen«, wie er sagte. Er schenkte ihr lauter verzierte Messer und Dolche, was Else immerhin leicht befremdete. Doch war sie, soviel man weiß, so gut wie verlobt mit ihm. Sie war eine begeisterte Studentin. Eine Lebens- und Forschungsgemeinschaft, ähnlich dem Ehepaar Curie, schien ihr durchaus denkbar. Else war zurückhaltend, hingabefähig, kühn, wie Marie Curie. Und sie war voller Idealismus.

Die Verlobung platzte, als Else den leidenschaftlichen Serben eines Tages im Kreise seiner Freunde in einem der großen Cafés an der Kärntnerstraße in den Armen einer andern Frau sah. Savic beteuerte, das hätte nichts, aber wirklich gar nichts zu bedeuten. Um ihr Ja-Wort zu erzwingen, schloß er sich mit Else im chemischen Labor der Universität ein und steckte den Schlüssel in seine Tasche. Natürlich erreichte er damit genau das Gegenteil. Else war empört. Der Mann war für sie erledigt.

Und sie weinte ihm nicht lange nach. Sie schloß ihr Studium mit Auszeichnung ab, eine der ersten studierenden Frauen, bewundert und geliebt von sechs Schwestern, drei Jus studierenden Brüdern, den Eltern, unzähligen Verwandten und einflußreichen Bekannten einer alten Familie der Donaumonarchie. Die Welt stand ihr offen.

Über den Sommer würde sie nach Rußland reisen (und damit auch den lausigen Verehrer aus den Augen verlieren). Die Briefe ihrer Schwester Josefine waren vielversprechend. Und tatsächlich war das Landgut Iwanoffka sagenhaft groß und sagenhaft reich. Else fühlte sich schnell zu Hause in dieser Welt, die sie an Turgenjew und Tschechow erinnerte. Sie liebte das Landleben und den Gutsbetrieb. Josefine, ihr Mann Sergej und die Kinder Leonid und Saschenka empfingen den jungen Gast aus Österreich mit Begeisterung, brachte Else doch Neuigkeiten und ihren lebhaften Geist mit. Umgangssprache in der Familie war Französisch. Die nächsten Nachbarn lebten auf über vierzig Werst entfernten Gütern, man besuchte sich gegenseitig mit Pferd und Wagen und blieb tagelang. Man gab große Einladungen. Man hatte Bedienstete und Gouvernanten, Hauslehrer und einen Gutsverwalter. Else sah Kiew und das Sankt Petersburg der Zaren. Sie erlebte die Pracht des alten Rußland. Und sie war politisch interessiert, beobachtete die Studentenunruhen, die Agitatoren gegen die herrschende Klasse, die Anarchisten. Immer sei es die studierende Jugend, die politische Umwälzungen anzeige, sagte Else. Man spürte den kommenden Umsturz. Man wußte von der Dekadenz der Zarenfamilie und von Verschwörern des Hochadels, welche den Mord an Rasputin planten, dessen unheilvoller Einfluß auf die Zarin bekannt war. Else lernte fieberhaft Russisch, um sich in den Zeitungen über die sich überstürzenden Ereignisse selber informieren zu können.

In Tat und Wahrheit saß ganz Europa auf einem Pulverfaß. Es explodierte, als ein serbischer Nationalist in Sarajewo den österreichischen Thronfolger Erzherzog Franz Ferdinand ermordete. Österreich-Ungarn erklärte Serbien den Krieg. Rußland, das Serbien aus politischen Interessen protegierte, rief zur Generalmobilmachung auf, es folgte die Kriegserklärung Deutschlands – das hinter Österreich-Ungarn stand – an Rußland und Frankreich und bald darauf diejenige Englands an Deutschland. Der Erste Weltkrieg war entfesselt.

»Jeder Stoß ein Franzos',
jeder Schuß ein Ruß,
und auch Serbien
muß sterbien...«

sangen die Soldaten und die Kinder in Deutschland.

Else, in Rußland als österreichische Spionin verdächtigt, erhielt Ausreiseverbot. Mit Josefine und ihrem Mann, dem riesenhaften Großfürsten Sergej, beide als »Klassenfeind« zum Tod verurteilt, und deren beiden Kindern brach sie vom Gut in der Ukraine auf und flüchtete mit ihnen vor den Bolschewiki durch Rußland, über die Krim bis in den Kaukasus. Sie gab Französischunterricht an einer Revolutionsschule in Charkow, deren Schüler täglich wechselten. Sie hielt die Kinder Saschenka und Leonid unter ihren schützenden Armen. Sie ging durch Revolution, Bürgerkrieg und Hunger. Und sie erfuhr, inmitten aller Schrecken, immer wieder die Menschlichkeit, die beispiellose Güte und tiefe Demut des russischen Volkes.

1918 kam Else in den ausgebluteten Westen zurück. Die Monarchie war zusammengebrochen, Kaiser Franz Joseph tot, die Habsburger aus dem Land gejagt, der Adel abgesetzt, ihr Bruder Rudolf als Kriegsfreiwilliger an der Costa d'Agra gefallen. (Auf ganz besonders ehrenhafte Art und Weise, wie es hieß, ausgezeichnet mit der Großen Silbernen Tapferkeitsmedaille, einer der ersten abgeschossenen Militärflieger, auf dem dortigen Kriegsfriedhof wurde ihm ein riesiges, all die andern vielen, vielen kleinen Kreuze überragendes Kreuz errichtet, das vielleicht heute noch dortsteht, aber den strahlenden blonden Rudolf, der in Wien und Paris Privat- und Staatsrecht studiert hatte, nicht lebendig zu machen und Tscheggeles Kummer nicht zu lindern vermochte.)

Wer hätte es für möglich gehalten, daß Savic der erste Bekannte sein würde, den Else nach vier Jahren bei ihrer Heimkehr aus Rußland im überfüllten Zug zwischen Wien und Innsbruck traf? Wenn die Eltern glaubten, als sie Else mit Savic aus dem Zug steigen sahen, daß zwischen den beiden wieder »alles in Ordnung gekommen« sei, so hatten sie sich getäuscht.

Als Else zu ihrer verheirateten Jugendfreundin Nettie K. nach Feldkirch zur Erholung fuhr, schärfte sie ihren sechs Schwestern ein, die Adresse ihres Aufenthalts keinesfalls an Savic zu verraten. Doch ihre jüngste Schwester Valerie fand, es wäre eine spaßige Überraschung für Else, wenn Savic unerwartet in Feldkirch auftauchen würde. Die Überraschung wurde arrangiert, Else saß mit Nettie beim Abendessen, als der Serbe eintrat. Else erstarrte, und Nettie fiel aus allen Wolken. Sie hatte wirklich an die freudige Überraschung geglaubt.

Komm, laß uns verschwinden, sagte Nettie, laß uns zu meinem Mann in die Schweiz fahren! K. besaß in Glarus eine Geschäftsniederlassung.

So kam es, daß Else auf der Flucht vor Savic Emil, dem Kupferschmied, begegnete.

Die blasse junge Frau, die Emil im Zug gegenübersaß, hatte die reichgedeckten Tische der russischen Fürsten gesehen und die einfachen Seelen, die sich zu den Ikonen niederbeugten, um die dunkle, ostchristliche Gottesmutter mit den traurigen Mandelaugen zu küssen. Sie hatte die süße Müdigkeit auf weltentlegenen Landgütern gesehen, die jungen Schönheiten und ihre Galane, die Anna Kareninas, die Nataschas und Tschechows »Schwestern«, lebenshungrig und von der Apathie endloser Sommer zermürbt, sehnsüchtig die große Leidenschaft erwartend, um von einem kühnen Liebhaber endlich nach Paris entführt zu werden ... (Die Flucht nach Paris hatten einige von ihnen dann unter viel dramatischeren Umständen unternommen, mehrere landeten mit ihren klingenden Namen und den fürstlichen Allüren als Verkäuferinnen bei Molyneux und Lanvin, wo sie amerikanische Millionärsgattinnen beeindruckten, oder sie lebten von der Loterie Nationale.) Sie hatte die wilden Kosaken auf ihren feurigen Pferdchen in die Dörfer hineingaloppieren sehen, während entsetzte Mütterchen ihre blühenden Töchter eilig zu verstecken suchten. Sie hatte Rußlands Zigeuner und die schönen jungen Zigeunerinnen gesehen, die manch einen Gutsbesitzer um Hab und Gut brachten. Sie hatte den Roten Sturm über Rußland gesehen und den Untergang aller bisherigen Werte. Sie hatte Rußlands Aristokraten und Rußlands Anarchisten gesehen, und sie dachte, daß es nie mehr möglich sein würde, zu urteilen.

Und jetzt sah sie Emil.

Fräulein, darf ich Ihnen eine Karte schreiben? hatte Emil sehr höflich, sehr ehrerbietig gefragt. Sie erschrak über die Kühnheit des Ansinnens. Das war ja nun schon fast raffinierte Cour! Sie blickte ihn sehr aufmerksam an. Sie sah seine Unschuld.

Da lächelte Else. Und als sie ihm ihre Adresse gab, war dies ihr vollkommen freier Entschluß.

Die fünf Erdteile
von Rubens

Jedes Jahr erwartete Emilia Albertina die Mauersegler. Jene winzigen Nomaden des Himmels, die plötzlich, am ersten lauen Juniabend, mit ihren spitzen, glücklichen Schreien im hohen Luftraum über dem Schlößchen auftauchten und in riesigen Schleifen und wilden Sturzflügen mit ungeheurer Präzision unter-, über- und durcheinander stießen. Dem Kind stand fast das Herz still vor Entzücken und vor Angst, daß vielleicht doch einmal zwei dieser federleichten, pochenden Vogelkörper aufeinandertreffen und sich verletzen würden. Aber nie war solches passiert. Man wußte nicht, ob sie ein wundervolles Spiel spielten oder auf Mückenjagd waren. Oder beides. Bis hinein in die Dämmerung lärmten sie am Himmel herum. Emilia Albertina konnte sich nicht erinnern, wann sie sie zum ersten Mal gesehen hatte; es schien ihr, als hätte sie schon immer auf sie gewartet. Sie besetzten die leeren Nester der Haussperlinge unter dem Rand der Dachziegel und im schmiedeisernen Blumenkorb, der so hoch an der Fassade hing, daß keine Katze davon träumen konnte, dorthin zu gelangen, und im August waren sie schon wieder weg.

Mit ihrer Ankunft begann der Sommer im Schlößchen. In den Nächten wisperten die Wipfel der hohen Bäume im alten Park, vom leichten Wind bewegt, hinein in die Träume der Schläfer. Die lärmenden Mauersegler wurden von lautlos durch die Dunkelheit geisternden Fledermäusen abgelöst, deren Routen nun überhaupt niemand mehr nachvollziehen konnte. Else sagte, sie hätten raffinierte, eingebaute Radargeräte, eine Art Antennen, die es verunmöglichten, daß sie sich die Köpfe einstießen, auch in vollkommenster Dunkelheit nicht. Auf diese Art verschafften sie sich auch ihre nächtliche Beute, die Insekten nämlich, die ihnen die Mauersegler übrigließen. Oder vielleicht waren es Mücken, die gleich ihnen nachts ausschwärmten. Ob die schreckliche Fledermaus, die sich eines Abends in Milchens Kinderzimmer verirrt und sich auf entsetzliche Weise in ihr dichtes Kraushaar verwirrt hatte, von ihrem Radarsystem im Stich gelassen oder im Dunkeln durchs offene Fenster hereingekommen und nun vom Licht in Panik gestürzt worden war, konnte später niemand mehr abklären. Das Kind jedenfalls schrie zum Steinerweichen.

Else und Lina bemühten sich gemeinsam, das kläglich fiepsende, verzweifelt flatternde Tier aus dem Wirrwarr der Haare, in denen es sich je länger je mehr verfing, herauszulösen und das Kind zu beruhigen. Dabei gerieten Lina, Else, Milchen und die Fledermaus etwa gleichermaßen aus dem Häuschen. Als schließlich Emil mit Elsele rettend herbeieilte, konnte die Fledermaus gerade der Nacht übergeben werden, Milchen stieß letzte zitternde Schluchzer aus und konnte jetzt gebührend getröstet und bewundert werden.

Tagsüber waren die hohen Fenster mit den kleinen französischen Glasscheiben weit der Sonne geöffnet, und man hörte Elses perlendes Klavierspiel oder das helle

Hämmern der Bauarbeiter. Seit Emilia Albertina sich erinnern konnte, wurde am Schlößchen herumgebaut. Vielleicht wurde es überhaupt nie fertig. Wer konnte das wissen. Es war ein sehr romantisches und sehr unstetes Leben. Im Lauf der Jahre hatten sie und Elsele fast jedes der zwanzig Zimmer bewohnt; mit den wechselnden Bauarbeiten mußten sie immer wieder neue Kinderzimmer beziehen. Auch Emil und Else zogen dauernd um. Es war ziemlich spannend. Der Geruch nach frischen Brettern, Zement und Ölfarbe vermischte sich mit dem Duft von Flieder, Magnolien und Lindenblüten im Garten, je nach Jahreszeit, und vielleicht auch mit dem Seifenduft aus Linas Waschküche, zu jenem einzigartigen Parfum, das ihre Nasen kitzelte. Und das Geräusch von knirschendem Bausand unter ihren Sohlen war ihnen unendlich vertraut.

Ach, das Schlößchen!

Emil hatte es 1924 gekauft. Eine junge Frau mit einem kleinen Kind, das zweite war damals gerade »unterwegs«, konnte schließlich nicht ewig in einer Dreizimmerwohnung über den dröhnenden Hämmern der Werkstatt leben, erklärte er. Auch die Luft in der Industriegemeinde war nicht die allerbeste. Die Kleinen sollten in gesunder Landluft aufwachsen! Auch »die Mutter« würde nun im geräumigen Haus bei Sohn und Schwiegertochter ein bleibendes Heim finden. Lina lebte zu jener Zeit noch beim Bruder in Wollishofen.

Als Emil zum erstenmal mit Else von der Stadt zum Schlößchen hinausspazierte, wurde das romantische Haus in der lieblichen Landschaft nach der Straßenbiegung beim Waldrand unvermittelt sichtbar. Wie ein eben ausgepacktes Geschenk lag es da.

Hier ist es! sagte Emil, sichtlich bewegt. Schnurgerade führte die Landstraße zum schmiedeisernen Eingangstor. Meinst du nicht, es ist etwas groß? fragte Else, tief beeindruckt und, es muß zugegeben werden, ziemlich beunruhigt. Aber Emil war sich seiner Sache sicher und erklärte großartig, dieses Haus sei genau richtig für eine Frau wie sie. Außerdem kam man ja günstig dazu.

Es war ein ziemlich baufälliges altes Barockschlößchen, von dem man nicht viel mehr wußte, als daß es Schweizer Offiziere, die aus französischen Diensten zurückgekehrt waren, erbaut hatten. Inspiriert von der französischen Lebensart, hatten sie diese in ihre heimatliche Landschaft mitgebracht. Hoch und elegant, umgeben von einem Park mit alten Bäumen, blickte das Haus über Hügel, Wiesen und Wälder. Es war von ungewohnter, fremdländischer Anmut, ganz aus Stein gebaut. Strahlendes Leben mußte einst darin gewohnt haben. Unzählige Male mochten sich in den hohen Fenstern Winter und Frühling nacheinander gespiegelt haben. Jetzt waren die Fensterscheiben erblindet und von den Mauern rieselte der Verputz. Es war ein Haus mit verwitterten Eichentüren und lustigen Verzierungen des Frühbarock. Trat man ein, sah man sich bald in einem mächtigen Stiegenhaus mit einer raumfüllenden Treppe aus massivem Eichenholz. Alles war alte, wuchtige Handarbeit.

Kurz, es war ein Haus zum Verlieben. Es enthielt wundervolle Möglichkeiten. Es rief buchstäblich nach jungen, begabten Menschen, die es zu neuem Leben erweckten. Lebte man nicht in den romantischen Zwanziger Jahren, in denen selbst das Unmögliche möglich war?

Emil hatte den Ruf vernommen. Und wie hätte Else dem Schlößchen widerstehen können? Emil würde sanitäre Anlagen, moderne Badezimmer und eine Zentralheizung mit hohen Kaminen in die alten Mauern einbauen. Else wollte Musik und Malerei hineintragen und später auf der schattigen Terrasse mit der barocken steinernen Balustrade Romane schreiben. Oder Sommergäste empfangen...

Noch hausten in unzeitgemäßen, notdürftigen Wohnungen ein paar sonderbare Mieter, für fast nichts, ein Robert Holzgang und ein Ehepaar Bättig, denen nun »wegen Umbau« gekündigt werden mußte. Sie hatten sich im alten Gemäuer eingenistet und waren nur mühsam dazu zu bewegen, wegzuziehen. Zum Umschwung gehörte noch eine Liegenschaft mit Scheune, altem Pächterhaus und achtundzwanzig Jucharten Land, gut besetzt mit Obstbäumen, sowie fünf Jucharten Wald, alles in unmittelbarer Nähe des Schlößchens gelegen. Die kinderreiche Pächterfamilie Muff bewirtschaftete den Hof.

So begannen Emil und Else ihr »Gesamtkunstwerk«, eine Neuerfindung Europas und der Welt, ihre Leidenschaft, ihr Hobby, ihr Drama. Sie brauchten genau zwölf Jahre dafür.

Bei der Baumschule Dové an der Stadtgrenze wurde eingekauft und bestellt. Auf Lastwagen wurden sie hergebracht mit mächtigen, in Sacktuch eingebundenen

Wurzelballen, tief die Erdlöcher ausgehoben, mit Spaten und Pickeln und Schaufeln, mehrere Mann und dicke Seilschlaufen waren nötig, um die Baumriesen hochzuhissen, einzusenken, zuzuschütten, festzutreten. Keiner, der nicht angewachsen wäre. Ein jeder schüttelte seine Äste, grub die Wurzeln tief und tiefer, ließ die Erdwurzelkronen wachsen, groß wie die Krone des Astwerks, und blieb. Die Sibirische Tanne. Die Nordmanntanne. Die Zeder. Die Blauzeder. Die heidnische Eibe mit den roten Schnuderbeeren, wenn ein Pferd davon frißt, geht es ein. Zwei Dinge gab es, für die Emil eine gute Hand hatte: für Kupfer und für Bäume. Eine wie natürlich gewachsene Parklandschaft schwebte ihm vor, ein Gartenkunstwerk, in welchem mittendrin wie ein Juwel das helle Schlößchen saß. Die Hand des Menschen durfte nicht spürbar sein. Emil komponierte neue zu alten Baumkronen, ihren Umrissen, dem Laub, dem Nadelwerk, den unterschiedlichen Grün- oder Farbnuancen entsprechend, ähnlich wie man ein Bukett zusammenstellt: auswählend, wieder verwerfend, auf daß die eine Pflanze die Schönheit der anderen erhöhe, jeder ihren Raum gewährend, nicht zu dicht, nicht zu locker, bis das Kunstwerk stimmte – nur natürlich viel größer als ein Bukett! Die Baumgruppen wechselten ab mit Buschwerk und Wiese, und da der Park weitläufig war, entstanden wirkungsvolle bis poetische Kontraste.

Eine Landschaft wurde kreiert. Else streute Magnolien, Flieder, Schneeball dazwischen, säte Goldlack, Malven und Phlox an die ausgefallensten Stellen, als Farbtupfer im Gras, an der Hauswand oder den dunklen Parkwegen entlang bis ins Dickicht. Und sie setzte es schließlich durch, daß doch noch etwas Spalierobst an der Südfassade gepflanzt wurde und die beiden Quittenbäume beim Gemüsegarten stehenblieben.

Immer hatte man dieses Rauschen der Wipfel im Ohr, spät nachts, morgens früh. Dann wieder auf zu neuen Taten! Emil ließ Gerüste zimmern, genau auf Elses Maß. Für das Deckengemälde im barocken Treppenhaus wurde ausgemessen: Else stehend, den rechten Arm nach oben ausgestreckt, auch die Länge des Pinsels, der das Plafond erreichen mußte, wurde in Betracht gezogen. Rohe Balken und Bretter wurden zu einer improvisierten Empore zusammengenagelt. Die helle Musik an- und abschwellender Hammerschläge füllte das Haus von früh bis spät, und schon wagte sich Else lachend auf den schwindelnd hohen Bretterboden, tauchte den runden Borstenpinsel in eine Büchse mit blauer Farbe und begann mit großen Bewegungen ihrer österreichischen Arme (Rubens-Armen!) »Die fünf Erdteile von Rubens« direkt da hinauf in den Stuckrahmen an die Decke zu skizzieren, vier mal fünfeinhalb Meter groß, frei nach der Kunstpostkarte, die sie als Vorlage in der linken Hand hielt: Fünf nackte, füllige Frauengestalten, Allegorien, jede einen Kontinent verkörpernd, wie eine Gruppe von Sirenen, an irgend einem Meergestade lagernd, am Strand der Weltmeere vielleicht.

Im Jahre 1601 war die Nordküste eines neuen Erdteils, Australien, vom Seefahrer Godinho de Eredia erstmals gesichtet worden. Die damalige Welt geriet in euphorischen Taumel, ungeahnte Möglichkeiten taten sich auf. Es war das Zeitalter der großen europäischen Expansionen. Man sah die Welt durchaus kolonialistisch. Rubens war gerade vierundzwanzig. Unter dem Eindruck des Zeitenwende-Ereignisses malte er seine erdumspannende Allegorie: Europa, eine blondgelockte, rosige Holländerin in üppiger Rückenansicht, halb aufgerichtet, halb liegend, halb schwebend, in völkerverbindender Geste den andern vier ruhenden Damen sich zuwendend: Asien mit gelbem, Afrika mit dunklem Teint, keine Indianerin für Amerika, sondern eine weißhäutige, üppige, schwarzhaarige Jungle-Jane mit unverkennbar spanischem Einschlag. Was die Australierin betrifft, blieb ihm nichts anderes übrig, als sie zu erfinden. Da er nicht wissen konnte, was für Menschen (wenn es denn überhaupt welche gab!) auf dem neuen Erdteil lebten, malte er keine Aborigine, sondern eine von den Eroberern mitgebrachte weiße Frau. Womit die Geschichte ihm ja schließlich recht gab.

Else also kopierte Rubens. Mit dem ausklappbaren Stabmeter setzte sie ein paar Anhaltspunkte. Und dann machte sie sich daran, Rubens zu »interpretieren«. So ähnlich, wie sie auf dem Flügel Mozart oder Beethoven interpretierte. Sie »fühle sich in Rubens hinein«, sagte sie (wobei ihr Einfühlungsvermögen sensationell gewesen sein muß). Sie übernahm seine große Geste, seine Sinnenfreude, seinen Schwung. Aus freier Hand skizzierte sie das Gemälde an die Decke des hohen Treppenhauses (man beachte die Schwierigkeit des Nach-oben-Skizzierens!), ein Stirnband gegen eventuelle Migräne eng um den Kopf gebunden. In drei oder vier Stunden »saß« die Skizze, in barock geschwungenen blauen Pinselstrichen. Und in weiteren fünf, sechs Wochen konnte das fertige Werk begutachtet werden.

Die Künstlerfreunde aus der Stadt, die lokalen »Bohemiens«, erschienen, neugierig geworden auf Elses Tätigkeit, und sie mochten sich vielleicht wundern über eine malerische Vitalität, nach der sie sich selber vergeblich verzehrten. Alle waren jedenfalls der Bewunderung und des Lobes voll über die hervorragende Wiedergabe der »zarten, rosigen Fleischtöne« (was natürlich vor allem die Holländerin, Europa, betraf), über die Harmonie der allegorischen Frauenkörper in der illusionistischen Perspektive der Landschaft.

Elses glühendster Bewunderer war Emil. Aaahhh! sagte er staunend und ansonsten wortlos geworden vor Begeisterung.

Die kleine Großmutter Lina aber flüchtete in die Küche oder hinter das Haus in den Gemüsegarten.

Else liebte die Malerei und verstand viel davon. Sie war eine virtuose Interpretin. Aber sie behauptete, absolut keine schöpferische Begabung zu haben. Sie wüßte nicht, was sie auszusagen hätte! Es gab diese ganz großen Meister, die keiner zu übertreffen vermochte. Daran war gar nicht zu denken. Wäre es in Elses Charakter gelegen, hätte sie als Kopistin – oder gar als Bilderfälscherin! – ein Vermögen machen können. Ein paar Jahre später, weiß Gott, hätte sie etwas Bargeld brauchen können. Nun, es lag nicht in Elses Charakter. Sie besaß weder Ehrgeiz noch Interesse an Geld. Else malte aus Freude.

Zwanzig Zimmer hatte das Schlößchen und einen Saal, der das ganze oberste Stockwerk einnahm. Seine vier Wände waren rundum anmutig mit hohen Fenstern bestückt. Man stelle sich das Licht vor! Durch die eleganten französischen Glasscheiben schweifte das Auge in alle vier Himmelsrichtungen frei über die Landschaft. Morgens konnte man im Osten den Sonnenaufgang, abends im Westen den Sonnenuntergang betrachten. Man war auf Augenhöhe mit den obersten Baumwipfeln des Parks, auf denen die immer gleiche Amsel zur immer gleichen Stunde ihr Abendlied flötete. Man konnte genau sehen, wie ihr Schnabel und ihre Kehle sich dabei bewegten, und wie der winzige Vogel diese kraftvollen Töne herausstieß. Man mußte den unbekannten Architekten dieses Lustschlößchens zugestehen, daß sie ihr Metier verstanden. Nicht nur waren die Proportionen der Räume von seltener Harmonie, und dies bei größter Einfachheit, sie vermittelten dem sensiblen Betrachter außerdem ein zugleich ursprüngliches und raffiniertes Naturerlebnis oder – wenn man so will – reine Poesie!

Hier oben im Saal malte Else das zweite große Deckengemälde in einen geschwungenen ovalen Stuckrahmen hinein. Das Werk hieß »Aurora«, was für den hinreißenden Raum passend war, und maß vier auf sechs Meter. Es stellte Helios, den Sonnengott auf dem Feuerwagen dar, der seine schäumenden Rosse siegreich über den Himmelsbogen lenkte. Er war begleitet von irgendwelchen Genien oder Musen mit wehenden hellen Locken, deren luftige Gewänder sich um ihre ätherischen Körper bauschten. Wahrscheinlich war auch der Windgott dabei. Das Ganze war in den lichten Rosa- und Pfirsichtönen der Morgenröte gehalten. Emilia Albertina bewunderte »das Schaumige« dieses Deckengemäldes, das sie immer irgendwie an Emils sonntägliche Rasier-Schaumschlägereien erinnerte ...

Kupfer riecht scharf nach Metall und Feuer. Schärfer als Eisen. Es ätzte Emils Hände, vor allem die Innenflächen, schwarz. Um genau zu sein: Es waren verschiedene Nuancen von Schwarz. Emils Fingernägel waren braunrot, wie in Beize getaucht, von ganz dünnen, schwarzen Nagelhäutchen eingefaßt, und fein ziseliert zeichneten sich tiefbraune Handlinien im Schwarzbraun der Handteller ab. Emil war stolz auf seine großen schwarzen Hände, die mit Wasser, Bürste und Seife zwar sauber, aber niemals weiß wurden. Das kommt vom Kupfer, sagte er.

Emil hatte zwei Badezimmer und eine wunderbare Zentralheizung eingebaut, was keine leichte Sache war. Man mußte sämtliche Mauern durchlöchern. Else logierte unterdessen mit den Kindern ein paar Monate lang im Hotel Seehof in Küßnacht am Rigi. Als sie zurückkam, hatte Lina oder das Dienstmädchen Elses kostbare Tischwäsche verkauft. Oder jedenfalls verschwinden lassen; man hat sie nie wieder gesehen.

Jetzt also hatte man diesen wunderbaren Bäder-Luxus, und die Heizung funktionierte. Jeden Sonntagmorgen nahm Emil seine umfangreichen Säuberungsaktionen vor. Es plätscherte und rauschte im Bad. Niemand durfte ihn stören. Ganz zum Schluß kam das Ritual der Rasur. Um den Dampf herauszulassen, machte er die Badezimmertür sperrangelweit auf. In Unterhemd, Hose und glänzend polierten Sonntagsschuhen stand er vor dem Spiegel im klatschnassen Badezimmer. Milchen stand unter dem Türrahmen und schaute ihm mit großem Interesse zu. Freudig schwenkte Emil den weichen Rasierpinsel und schäumte Gesicht und Hals mit dieser zartduftenden Schlagsahne ein, wobei er den Kopf abwechselnd seit- und rückwärts legte. Immer wieder mußte er den Dampf vom Spiegel abwischen, damit er sein Gesicht ganz nahe heranrücken konnte. Mit seinen schwarzen Händen spannte er die Haut ein wenig an. Federleicht glitt jetzt das Messer über Wangen und Kehle, Schaum und Bartstoppeln vor sich herschiebend, den Haaransatz bei den Schläfen und eine winzige Menjou-Fliege unter der Nase millimetergenau aussparend, und dazu schnitt er komische Grimassen. Frisch und rosig blieb sein Gesicht zurück. Dann wurde nochmals verschwenderisch mit Wasser abgespült und herumgespritzt, ein prustender Neptun war Emil, dem das Wasser aus Nase und Ohren tropfte. Und damit setzte er das Badezimmer endgültig unter Wasser. Einen Tag lang verbreitete er diesen hinreißenden Duft nach zarter Rasierseife, den Milchen mit heftiger Freude einatmete. Weg war der Kupfergeruch. Das Sonntagswunder, die Wandlung, hatte sich vollzogen.

Emils Hände jedoch blieben schwarz. Mit schwarzen Händen knöpfte er die Manschetten am weißen Hemd zu. (Und oft hieß es: Wo sind meine Manschettenknöpfe!! und alle mußten rennen und suchen...) Mit schwarzen Händen tranchierte er den Sonntagsbraten. Und es muß zugegeben werden, daß seine Tischmanieren nicht immer die besten waren. Emil schlang beim Essen wie ein Barbar! Obwohl man in einem

Schlößchen lebte, im zartgrauen Cheminéezimmer mit dem Gemälde der englischen »Dame mit Hündchen« (eine Kopie von Gainsborough, dessen pastose Malerei Seidengewänder, Schleier und imaginäre Landschaften trefflich wiedergab), von Else hinreißend in den Stuckrahmen über dem Kamin hineingemalt. In diesem Cheminée-Zimmer also aß man am weißgedeckten Sonntagstisch mit Silbergabeln aus Porzellantellern, und dazu sangen die Vögel im Park. Wunderbar! Else war die lächelnde Sphinx in der heiteren Tafelrunde, sie schöpfte die Suppe und reichte den Braten, und man darf annehmen, daß es ihr keineswegs entging, wie ihr Mann sich über seinen Teller hermachte. Nie im Leben jedoch hätte sie es sich einfallen lassen, ihn zu korrigieren. Die Manieren machten ja noch lange nicht den edlen Menschen!

Else, die Österreicherin. Ihre unverwechselbare Art, etwas zu übersehen, großmütig zu sein.

Emil hatte aber durchaus auch seine Feinheiten. Wenn er sich als erster aus der Schüssel mit dem grünen Kopfsalat bediente, holte er regelmäßig das innerste, das hellgelbe zarte Herzstück heraus, um es als Geschenk auf Milchens Teller zu legen...

Emils sanftes und barbarisches Herz. Emils schwarze Hände im weißen Hemd. Emils »Wildwest-Eleganz«. Einem patriarchalen Wildwestfarmer im Sonntagsanzug glich er, oder einem slawischen Hetmann: großgewachsen, aufrecht, in dunkler Hose, frisch gebügeltem Hemd (Lina!) und hohen schwarzen Sonntagsschuhen. Mit wildem »Adlerblick«, homerischem Lachen, plötzlichen Zornausbrüchen, von keines Gedankens Blässe angekränkelt. Gezähmt allein von der zarten Else, die ihm gestern ein Handtuch über die Schultern gelegt hatte und mit der Schere seinen Locken zu Leibe gerückt war. Zu diesem Zweck hatte er sich auf einen Stuhl gesetzt und sein Herrscherhaupt in einer Geste der Demut (oder blinden Vertrauens?) nach vorn gebeugt.

Samson und Dalila.

La Belle et la Bête.

Liebte Else vielleicht nicht nur Emils ihr ganz und gar zugeneigtes Herz, sondern auch seine schwarzen Hände und diesen sonderbaren Kupfergeruch? Wer weiß denn genau zu sagen, wie das geht: Liebe?

Wo ist die Beißzange! konnte Emil wettern. Wer hat die Beißzange wieder versteckt! Wo ist sie! Eine Sauordnung habt ihr, eine himmeltraurige! Jetzt könnt ihr die suchen! Emils Donnerstimme war von tiefer Resignation erfüllt. Und er stürmte durchs Haus, hin und her, hinauf und wieder hinab in die Keller, die der Steinmetz Karl Iten (ein entfernter Verwandter) aus dem massiven Fels schlug, tic, tic, tic hörte man es zwei Jahre lang aus den Schlößchen-Tiefen, bis zwei wunderschön gewölbte Felsenkeller entstanden waren, die das Haus unterhöhlten, durchlüfteten, entfeuchteten, Emil also sauste wie ein Rasender herum, wirbelte mit den Armen (wie Lina!), weniger um nach der unglückseligen Beißzange zu suchen, als um sämtliche Anwesenden anzutreiben...

Else ging mit ihrem sanften, aufmerksamen Gesicht auf die Suche nach dieser Beißzange, die Arbeiter suchten, der Steinmetz Karl Iten setzte mit dem Ausspitzen der Felsenkeller aus und suchte, Elsele suchte, Milchen trottete mit und tat, als ob auch sie suchte, ihr wißt nicht, was Ordnung ist, schrie Emil, eine Schande, und Lina brummelte herum, mit unbewegtem Gesicht, als ob sie nichts von alledem hörte und sähe und es sie keinesfalls etwas anginge. Zwei Stunden konnte das gut und gerne dauern, das ganze Haus war in Aufruhr, man wetzte durch Keller, Werkstatt, Waschküche und Gänge, Else schickte Stoßgebete zum Heiligen Antonius, den sie sonst meist vergaß (weil sie ihn ja nicht brauchte und weil sie nicht besonders religiös war), und wunderbarerweise fand sich die Beißzange immer irgendwann am unmöglichsten Ort, vielleicht von Emil selber verlegt, und der ganze Sturm legte sich umgehend und man konnte zur Tagesordnung übergehen.

Man hatte es ja gewußt, daß diese Beißzange sich nicht in Luft aufgelöst haben konnte. Herrlich entspannt war die Welt nach diesem einer Opéra comique entlehnten Gewitter, der Himmel lächelte, und die Vögel im Park hatten gar nie zu zwitschern aufgehört...

Else malte weiter. Sie malte das blau-weiße »Porzellan-Zimmer« mit Blumensträußen nach alten Porzellanmustern aus, zum hell-dunklen Schachbrett-Parkett kontrastierend, auf welchem der schwarze Wiener Flügel stand. Sie malte das sonnengelbe »Papageien-Zimmer« (das Kinderzimmer) mit Tiermotiven und Pflanzenranken, reizend in Tableaux eingefügt. Im zartgrauen »Husarenzimmer« (dem »Herrenzimmer«) galoppierten wilde Reiterscharen durch einen schäumenden Fluß; sie füllten eine ganze Querwand in diesem Raum, der mit dunklen Lederfauteuils, Bücherschrank und Schreibtisch im Stil der Wiener Sezession und einem persischen Rauchtischchen von Onkel Albert ausgestattet war. Es fehlten nur noch die Herren, die hier rauchten. Vom ernsten Husarenzimmer gelangte man ins farbige »Bildersälchen«, dessen Wände Else in geschwungene Panneaux aufgliederte, darin sich illusionistische Landschaften, Genrebilder und Veduten zu einer üppigen Pastorale vereinten. Durchquerte man die Eingangshalle mit dem hellen Eichentäfer, kam man ins zart blaugraue »Cheminée-Zimmer« mit dem Gainsborough-Portrait, das wir vom sonntäglichen Mittagessen her bereits kennen. In der märchenhaften Exotik des »Wüstenzimmers« schließlich glaubte man in der Illusion einer Fata Morgana gefangen zu sein.

Else malte festlichen Barock und helles Rokoko, Deckengemälde und Pastoralen, Muschelwerk und Voluten. Sie hatte sich in die europäische Malerei des 17. bis 19. Jahrhunderts vertieft, Epoche und Stil des Schlößchens studiert. Sie inspirierte sich in den Residenzen und Jagdschlößchen Europas, und man hätte ohne weiteres glauben können, sie hätte nie etwas anderes getan, als Schlößchen auszumalen. An der Fassade unter den Dachgiebeln malte sie Schäferszenen von Boucher und Fragonard in der schwierigen al-fresco-Technik direkt hinein in den feuchten Verputz. Zur Überraschung der lokalen Künstler, denen es öfters passiert war, daß ihre Fresken kläglich abblätterten, erwiesen sich Elses Fresken als dauerhaft.

Ging man im Schlößchen von Zimmer zu Zimmer, erlebte man die köstliche Sensation wechselnder Eindrücke. Bilderreichtum und Farbigkeit im einen Raum, Kargheit und Ton-in-Ton-Malerei im nächsten. Natürlich war dies kein Zufall, sondern ein kunstvoll inszenierter Ablauf von Räumen, Farben, Sujets, Emotionen. Und lief man hinaus in den Park, sah man das Pittoreske aus dem Haus in die Natur übergehen, in den sentimental erlebten Garten, der sich selber darstellte. Ein Gesamtkunstwerk!

Elses Pastorale. Vielleicht war sie ja ein Akt der Verzweiflung. Manchmal sah es so aus, als ob Else es eilig hätte. Da war dieser ganze gewaltige Aufwand an Farben (Else war damals die beste Kundin im Farbwarengeschäft Schumacher Luzern), Gerüsten, Pinseln, Leinöl, Terpentin, Grundierungen, Gips und was weiß ich. Da war diese Verve, diese Hingabe, diese ganze Schwerarbeit mit Farbkübeln und Pinseln auf Bockleitern, Gerüsten, Bretterböden. Da war der penetrante Terpentingeruch. Und da waren manchmal die Migränen.

Denn Else *hatte* es eilig. Emilia Albertina konnte sich nicht erinnern, wann es damit angefangen hatte, daß jedermann von »Krise« sprach. Im Schlößchen hatte man Wohnungen eingebaut, die so schnell wie möglich vermietet werden sollten. Die Zeiten waren schlecht geworden. Emils Betrieb war nicht mehr ausgelastet. Emil war deprimiert. Er konnte es nicht fassen, daß seine erstklassigen Kupferarbeiten plötzlich weniger gefragt waren. Wenn die Welt kein Kupfer mehr brauchte, dann stimmte die Welt nicht mehr. Emil diktierte Else »scharfe« Briefe. Er zerstritt sich mit dem Steueramt. Er mußte Arbeiter entlassen. Er wetterte herum. Öfters sprach er mit lauter Stimme von Hypotheken, Wechseln, Gülten, fälligen Schuldbriefen. Else mußte sich damit herumschlagen. Else mußte Banken und Lieferanten vertrösten, säumige Kunden mahnen, zum zweiten-, zum drittenmal mahnen, dann betreiben. In dem Maße, wie die Korrespondenz immer umfangreicher wurde, wurden die Finanzen knapper. Else hatte einen Sekretärinnenposten auf Lebenszeit, einen unkündbaren. Sie hatte sogar die Prokura in Emils Firma. Prokuristin war sie, welche Ehre! Manchmal gingen Emil und Else »auf Silberstrecke«. Das war der nette Ausdruck dafür, wenn sie sich gezwungen sahen, zu verschiedenen Banken zu gehen, um Kredite locker zu machen oder Zahlungsaufschub zu erlangen. Banken spielten neuerdings eine bedeutende Rolle. Kantonalbank, Volksbank, Regionalbanken in Luzern, Zug, Emmenbrücke oder Wolhusen-Malters. Eine ganze Reihe. Else kleidete sich für solche Unternehmungen immer sehr einfach und sehr elegant, und öfters hatten sie Erfolg. Sie waren ein eindrückliches Paar. Jedermann wußte um Emils aufbrausendes Temperament und seine grundehrliche Haltung. Und wer hätte der weltgewandten und liebenswürdigen Else widerstehen können? Gut, dachte Milchen, daß Emil Else mitnahm!

Vielleicht war Elses gemalte Pastorale ihr Mittel gegen die Resignation? Else besaß die Fülle und den unzerstörbaren Optimismus des alten Europa. Aber das Gesamtkunstwerk mußte fertig werden. Waren die letzten Zimmer eine Spur flüchtiger, eine Spur unsorgfältiger gemalt?

Emil steckte seine Einnahmen nach wie vor am liebsten in das sakrosankte Kupferlager. Um das Haushaltbudget aufzubessern, gab Else Klavierunterricht sowie Englisch- und Französischstunden. Sogar der neue Gemeindepräsident stieg zum Schlößchen hinauf, um Französisch zu lernen. Er hatte sich unten im Dorf eine feudale Villa bauen lassen, die einen ganzen Hügel dominierte, und wolle nun, so sagte er zu Else, auch noch etwas für seine Bildung tun! Emil erklärte, der R. sei ein »KK«, ein Katholisch-Konservativer, was abwertend zu verstehen war, denn Emil war ein überzeugter Freisinniger, ein Liberaler. Das sollte ihn übrigens später noch teuer zu stehen kommen. Der R. also kam wöchentlich zweimal zur Französischstunde, und Milchen staunte, wie der bullige Mann mit den buschigen Augenbrauen über seltsam unruhigen Augen sich bei Else sanft wie ein Lamm aufführte. Eines Tages fragte er Else, wie sie, eine so feine und gebildete Dame, es mit einem so verrückten Kerl (Emil!) aushalte. Wäre denn nicht er, R., viel passender für sie?

Herr Gemeindepräsident, gab Else sehr gelassen zurück, daß mein Mann ein Ehrenmann ist, dessen bin ich mir ganz sicher. Bei Ihnen bin ich mir da nicht so sicher. Damit war es mit den Französischstunden des Gemeindepräsidenten vorbei, und niemand weinte ihm nach.

Die arme Lina aber tigerte unruhig herum, fast unmerklich mit dem linken Bein rotierend, ihren gefälteten Rock und die Halbschürze in eigenartige Schwingung versetzend. So blieb sie der Enkelin Emilia Albertina in Erinnerung: Eine ingrimmige und hilflose kleine

Frau, die sich in Küche, Waschküche oder hinter das Haus zu den Gemüsebeeten flüchtete, um dem Anblick des unverständlichen Sohnes und der noblen Schwiegertochter zu entkommen.

Ich sag ja nichts. Ich sag ja nichts, schimpfte Lina vor sich hin.

Ich kann's nicht begreifen! Linas täglich gebrauchter Satz. Ich kann's nicht begreifen! Immer und immer wieder. Emilia Albertina dachte, daß Lina ein sehr unglückliches Geschöpf sei. Manchmal, wenn das Kind vor dem Haus spielte, kam sie eilig aus der Haustür gestürzt und übergab sich in die Rabatte vor der Freitreppe. Aus ihrem Mund kam ein kurzer, heftiger Schwall Flüssigkeit. Was ist dir, Großmama, fragte Milchen entsetzt. Es ist nur das Herzwasser, sagte Lina beschämt und eilte zurück an den Kochherd. Emilia Albertina zerbrach sich vergeblich den Kopf darüber, wie aus dem Herzen Wasser kommen konnte.

Einmal kam sie gerade dazu, als Lina sich mit einem großen Küchenmesser auf Emil stürzen wollte.

»Muetterli, Muetterli, tüend Ech ned versündige!«, Mütterchen, Mütterchen, versündigt Euch nicht, rief der entsetzte Emil und entwand ihr das Messer mit dem Gesichtsausdruck eines hilflosen oder traurigen Gottes. Warum warf sich Lina danach auf den Steinboden und schrie wie eine Verzweifelte? Lange noch sah Emilia Albertina wie im Traum die ausgetretenen Sandsteinfliesen der alten Küche vor sich, auf denen die Großmutter wild um sich schlug, als Emil sie wie ein Kind aufhob und in ihr Zimmer trug. Emilia Albertina fragte Else, warum Lina das tat. Else sagte, es sei das Heimweh. Viele Berner hätten dieses Heimweh, hatte ihr Emil erklärt. Es sei eine Art Schwermut. Man könne nichts dagegen tun.

Zum Glück hatte Lina »ihren Glauben«, der ihr Trost gab. Emil hatte für sie eine religiöse Zeitschrift abonniert, die sie aufmerksam durchlas. Eine andere Lektüre kannte Lina nicht.

Halbjährlich reiste sie in eine Glaubensgemeinschaft nach Rämismühle, und Emilia Albertina vermutete, daß sie die Adresse in dieser Zeitschrift gefunden hatte. Else sagte, diese Aufenthalte, die meistens zwei Wochen dauerten, würden Lina immer sehr gut tun. Sie kam dann jeweils beinahe zufrieden wieder heim. Und sie erzählte der Enkelin Emilia Albertina, und nur ihr, daß man sie dort immer mit großer Freude erwartete, und man habe ihr gesagt, Frau Iten, niemand kann so gute Omeletten backen wie Ihr! Einmal habe sie in einer halben Stunde mehr als zwanzig Omeletten gebacken. Lina konnte das wirklich bewundernswert gut. Zum Wenden warf sie die Omelette sehr geschickt hoch in die Luft, und nie war es vorgekommen, daß der Pfannkuchen die schwere Eisenpfanne verfehlte. Besuch hatte Lina nur selten. Einmal kam ihr Bruder Emil, gelernter Metzger und Viehhändler, aus Zürich. Er war untersetzt und kräftig wie Lina, und man sah, daß er vermögend war. Er trug einen Anzug aus braunem Tuch mit Gilet, auf welchem eine dicke goldene Uhrkette glänzte. Gelegentlich kam das große, hagere Fräulein Diggelmann, eine freundliche, dunkel gekleidete Krankenschwester, die Lina aus Rämismühle kannte, hinaus ins Schlößchen und brachte manchmal eine oder zwei andere graugekleidete Frauen mit. Die gastfreundliche Else bewirtete sie alle reichlich, was Lina mit Genugtuung zur Kenntnis nahm, und mit dem letzten Postauto fuhren die Damen abends wieder ab in Richtung Luzern. Milchen suchte sich zu verdrücken, sobald dieser Abschied nahte, denn die graugekleideten Damen stürzten sich dann immer auf sie, um sie abzuküssen. Milchen aber verabscheute ihren Geruch aus tiefstem Herzen.

Die Bernerin Lina blieb evangelisch, während ihr Mann und die Söhne selbstverständlich katholisch waren. Der ganze Kanton Zug war erzkatholisch, ein wahres Bollwerk des Katholizismus. Den Zugern saß der Katholizismus buchstäblich in den Knochen, und das schon seit Urzeiten. Hatte nicht der Hauptmann Christian Iten (Emils Vorfahr!) bei der denkwürdigen Schlacht am Gubel ob Ägeri mit 630 katholischen Mannen über 5000 Reformierte gesiegt? Am 24. Oktober 1531 lagerte der reformierte Feind auf seinem Eroberungsfeldzug in die Innerschweiz am Gubel. Im Schutz der Nacht schlichen sich die Zuger an. Um einander im Dunkeln zu erkennen, hatten sie ihre weißleinenen Bauernhemden über die Rüstungen gezogen (immer wieder diese wunderbaren Kriegslisten der Ägerer!). Nachdem sie gebetet hatten, gingen sie mit dem alteidgenössischen Schlachtruf »Maria Mutter Gottes!« auf die Reformierten los. Nach halbstündigem Kampf hatten sie 800 Reformierte mit Kurzwaffen statt mit dem üblichen Speer niedergemacht, den Rest schlugen sie in die Flucht Richtung Sihlbrugg. Der reformierte Feind, das waren die Zürcher. Die Zuger hätten dies »für den Glauben und zur Aufrechterhaltung des Vaterlandes« getan. So steht es im Menzinger Jahrzeitbuch geschrieben.

Daß Emil kein »KK« wurde, sondern ein überzeugter »Liberaler«, ein Freisinniger, mutet schon fast anarchistisch, ja abtrünnig an. Die Ursache ist weniger in Gründen der Konfession zu suchen, als in Emils leidenschaftlichem Kampf für »Freiheit und Gerechtigkeit«, in seiner bedingungslosen Liebe zum Schwächeren. Hatte nicht sein Vorfahr am Gubel wie David gegen Goliath gekämpft?

Wenn Lina in Oberägeri mit Christian und den Buben zur Kirche ging, beschwerte sich der Pfarrer auf der Kanzel, daß es ihm nicht möglich sei, gut zu predigen, wenn »solche Heiden« anwesend wären. Jeder wußte, daß Lina gemeint war.

Der junge Emil war empört über die Demütigung, die seine Mutter »von oben« erlitt. Er verwünschte seine Machtlosigkeit. In seinem Innersten ergriff er umgehend für Lina Partei und betrachtete von nun an jede Obrigkeit, ob Kirche oder Staat, mit Mißtrauen. Machtgehabe quittierte er mit tiefer Verachtung. Angriff, am liebsten in Form von beißendem Spott, schien ihm die angemessene Verteidigung.

Der geborene Freiheitskämpfer war Emil.

Aus katholischem Haus kam auch Else, doch hatte dies kein allzu großes Gewicht. Else war Freidenkerin. Wie ihr Papa, und wie die ganze »Wiener Intelligenzija«. Wien war tief katholisch. Aber die religiösen Rituale wurden ziemlich locker gehandhabt. Für die mondäne Welt gab es im Stefansdom sonntagmittags um zwölf ein spätes Hochamt, das auch noch den letzten Langschläfern die Möglichkeit bot, in den geistlichen Genuß einer Sonntagsmesse zu kommen. Dieses mittägliche Hochamt war ein beliebter Treffpunkt der Wiener Gesellschaft und der sogenannten »Halbwelt«. Man ging hin, um zu sehen und gesehen zu werden. Es gab stummes, lächelndes Kopfnicken, starres Übersehen und gelegentlich angedeutete Handküsse. Alles sehr leger. Die reichen jungen Galane erschienen mit ihren Mätressen, die in aufsehenerregenden Toiletten nach letzter Mode ihre großen Auftritte hatten und sich gegenseitig auszustechen suchten. Statt ernster Kirchenlieder sang der Chor leichtere, diesem Publikum gemäßere Weisen, den irrenden, aber, so hoffte man, bußfertigen Schäflein angepaßt und gewissermaßen schon in die nachmittägliche Spazierfahrt durch den Wienerwald hinüberleitend:

>*Dann gehet leise*
in seiner Weise
der liebe Herrgott durch den Wald . . .«

Mit ihrer königlich-kaiserlichen Stimme sang Else das Kirchenlied aus dem Stefansdom. Es war eben ein sehr freier Katholizismus, sagte sie mit entschuldigendem Lächeln.

Else war der Ansicht, daß die Größe des Christentums nur in der Toleranz und in der Barmherzigkeit liegen könne. Der Freigeist Emil teilte diese Ansicht. Er wetterte über »die Heuchler, die unter dem Deckmantel der Religion« die übelsten Verbrechen begingen, und natürlich hatte er dabei gewisse Personen im Kopf. Dazu schleuderte er wilde Blicke um sich.

Nur einmal jährlich gingen Emil und Else zur Kirche.

Emil in feiertäglich schwarzem Anzug und weißem Hemd, Else im Frühlingskleid, schlenderten sie auf der Landstraße zu den Kapuzinerpatres im nahen Kloster Wesemlin, um »Ostern zu machen«. Bei den anspruchslosen Brüdern des Heiligen Franziskus gingen sie zur Beichte und kamen, gereinigt und befreit von den Sünden eines Jahres, zurück. Emilia Albertina schien Emils Haltung noch aufrechter (und der Schwung seines linken Beines freudiger) als sonst, und sie zerbrach sich vergeblich den Kopf über die möglichen Sünden, die da gebeichtet worden waren... Emil, gut, mußte vielleicht seine Wutanfälle zugeben. Aber Else?

Milchen hatte Else im Verdacht, daß sie Ostern liebte, weil ihr dann immer Rußland einfiel. Das große russische Osterfest! Wenn es in der Ukraine Frühling wurde, verwandelte sich die fette Schwarzerde in halbmetertiefen Schlamm. Die Räder der Fuhrwerke sanken ein, man steckte fest. Keine Anstrengungen der Pferde, kein Fluchen und Peitschenknallen des Fuhrmanns machte sie wieder flott. Man mußte zwei, vier oder gar sechs neue Pferde vorspannen, man mußte selber in die Radspeichen greifen, um endlich aus dem Morast herauszukommen. Stundenlang konnte das dauern. Die gewaltigen Mächte der Schneeschmelze lähmten das Land und die Menschen.

Die Fastenzeit wurde vom tiefgläubigen Volk streng befolgt. Unter den Kirchenfürsten aber soll es solche gegeben haben, die sich Fisch wie Fleisch und Fleisch wie Fisch zubereiten ließen. Wer will das heute noch beweisen? Wie dann der Frühling über das durchnäßte Land kam, wie zarte grüne Spitzen über Nacht kraftvoll durch die schwere Erde stießen, wie das Licht des Frühlings die Dunkelheit vertrieb, wie die Menschen trunken wurden vor Glück – wer stellt sich das heute noch vor? Dann kam Ostern, das geheimnisvolle Fest der Auferstehung. Der Sieg der Christenheit über das dunkle, sündige Heidentum, das manch einfacher Muschik in einem Winkel seines Herzens schuldbewußt noch fühlen mochte... Das große russische Osterfest befreite sie alle wie durch ein Wunder davon. Im Überschwang des Glücks feierten sie das schönste der Feste in ihren von Kerzen schimmernden Kirchen, mit den Gesängen ihrer wundervollen Stimmen. Der Patriarch segnete ihre Osterspeisen, die weißgedeckten Ostertische bogen sich unter der Fülle köstlicher Gerichte. Auf den Landgütern des alten Rußland war es keine Seltenheit, daß an Ostern zwei oder drei Leibeigene – auch »Seelen« genannt – an Überessen starben. Man betrachtete dies nicht als unglücklichen Tod.

Else holte Rußland ins Schlößchen. Hoch oben auf dem Gerüst malte sie und sang dazu mit lauter Stimme diese herrlichen russischen Zigeuner-Lieder, »Otschi tschornye, Otschi strasnye«, lange bevor Yvan Rebroff Mode wurde. Beim Flügel lagen die Musiknoten dazu, die sie aus Rußland mitgebracht hatte. Große, fremdländische Schriftzeichen waren auf den zartgrünen Umschlag gedruckt, die Milchen sehr beeindruckten. Abends sang Else an den Kinderbettchen »Bajuschki Baju« statt »Schlaf Kindlein schlaf«, und ihren schweizerischen Emil verwandelte sie durch Weglassen eines einzigen Buchstabens in einen slawischen Helden. Sie rief ihn »Mil«.

Else erschuf die unendlichen Steppen Rußlands, das Heulen der Wölfe, ihre glühenden Augen im Dunkel der Winternacht, sie selber in Pelze gewickelt im Schlitten durch den Schnee vor ihnen flüchtend, den Kutscher beschwörend, daß er die Pferde antreibe, schon fielen die hungrigen Wölfe – sieben, acht zählte Else – Schlitten und Pferde an, Else griff zum Gewehr, zielte, drückte ab, ein Schuß durchschlug die Nacht, einer der Wölfe fiel im Sprung getroffen, die Meute machte sich über ihn her... Der Schlitten aber stiebte schellenklingend durch die sternenübersäte, glitzernde Winternacht davon, weiter, weiter! Gerettet.

Schrecklicher, erlösender als die Märchen der Brüder Grimm waren die russischen. Else hatte sie damals in Rußland in einem Buch aufgeschrieben und mit ihrem barocken Federstrich selber illustriert. Da waren die schönen, guten und die häßlichen, bösen Schwestern zu sehen. Ob gut oder böse, sie trugen alle diese reizend überstickten Russenblusen mit bauschigen Ärmeln und hatten lange, dicke, bändergeschmückte Zöpfe. Die wunderschöne Wassilissa trat auf und der Graue Wolf, den keiner einholt, der Feuervogel und der sprechende Hecht. Und immer wieder stieß man auf die fürchterliche Jagahexe im undurchdringlichen Wald in ihrer Hütte auf Hühnerfüßen. Dreh dich, dreh dich, Hüttchen, mußte man rufen, und die Hütte drehte sich auf den Hühnerbeinen, bis der Eingang erschien, und dann galt es allen Mut zusammenzunehmen und zur Tür hinein zu gehen (denn man hatte sich im Wald verirrt und gar keine andere Wahl), und schrecklich anzusehn lag da das häßliche Jagaweib auf der Ofenbank, bis zum Dach reichte ihre Nase, glühende Kohlen waren ihre Augen, hundert Jahre alte Spinnfetzen ihre Haare, geifernd das Menschenfressermaul, mark- und beinerschütternd ihr Krächzen, fürchterlich ihr Knochenarm! Ich rieche Russenfleisch! schrie das Jagaweib. Und allein der Unschuldige hatte eine Chance, und wenn es denn überhaupt eine Rettung gab, dann nur für denjenigen, der seine Seelenangst überwand...

Da war Iwan, der jüngste und schönste der Zarensöhne, von seinen eifersüchtigen Brüdern verschleppt, zerstückelt, in ein Faß eingepökelt und zum Meer gerollt, auf daß die Wogen ihre Untat fortschwemmten. Sieben Raben aber hatten alles gesehen. Tage- und wochenlang kreisten sie im bleigrauen Himmel über dem Faß im Meer und gaben Kunde von der bösen Tat, bis das Faß mit dem eingepökelten jungen Prinzen von hilfreichen Menschen gefunden und geöffnet wurde. Man setzte den jungen, schönen Prinzen wieder zusammen, schickte die sieben Raben nach dem Krüglein mit dem Lebenswasser, und als man das Lebenswasser über Iwan gegossen, wurde sein Leib wieder heil, Iwan stand auf und sagte, ach, wie lang hab ich geschlafen. Und er eilte zum Schloß seines Vaters, des Zaren Wladimir. Groß war die Freude am Zarenhof. Die bösen Brüder aber wurden an die Schweife wilder Pferde gebunden, die in alle vier Himmelsrichtungen davonjagten und die Brüder zu Tode schleiften.

Solcherart waren die russischen Sitten. Milchen beeilte sich, die schrecklich schönen Geschichten ihren Freundinnen weiterzuerzählen. Unter dem alten Nußbaum, zwischen dunklen Taxusbüschen und Thuja wandelte sie mit der Tochter des Sekundarlehrers, die vom Dorf zu ihr ins Schlößchen hinaufgekommen war, und schilderte ihr die Schrecken des Prinzen Iwan und das böse Ende der Brüder. Unter ihren Schritten knirschte der Kies. Milchen bemühte sich, das Ganze mit der nötigen Dramatik aufzuladen, und erwartete, daß die Lehrerstochter vielleicht einen entsetzten oder beifälligen Ausruf täte. Aber nichts geschah. Milchen wagte einen Seitenblick und sah zu ihrem maßlosen Erstaunen das schreckverzerrte, stumm weinende Gesicht des Mädchens. Keinen Ton brachte es heraus. Milchen fühlte einen schrecklichen Triumph (und auch ein kleines Gefühl der Verachtung für ihre Zuhörerin): Worte hatten Macht über Menschen! Mit Worten konnte man Menschen zum Weinen bringen! Milchen versenkte dieses neue, ungeheuerliche Wissen in ihrem tiefsten Herzen. Die Geschichte aber erzählte sie zu Ende, als ob sie nichts gesehen hätte.

Es ist ja nur ein Märchen, sagte sie noch beiläufig, um die Welt der Sekundarlehrerstochter wieder in Ordnung zu bringen.

Die kultivierte Else hatte diese »barbarische« Seite. Sie konnte zupacken wie eine chinesische Bäuerin. Da sie Naturwissenschaftlerin sei, sagte sie, habe sie eine wenig sentimentale Beziehung zur Natur. Gammastrahlen oder eine Tsetsefliege, die das Virus der Schlafkrankheit übertrage, seien genausogut Zeugen für die Großartigkeit der Natur wie ein Sonnenuntergang oder eine Narzisse!

Else konnte einem Hasen das Fell abziehen, um ihn darauf in Wein und Kräuter einzulegen. Das unvergleichliche Parfum verdankte die Sauce einem halben Glas vom aufgefangenen Blut des Tieres, einem Gläschen Cognac und etwas Rahm. Else verstand sich darauf, ein Huhn oder einen Wildvogel zu rupfen, über der hellen Flamme abzusengen und auszunehmen.

Dazu mußte man mit der ganzen Hand ins Innere des Tieres hineingreifen, das Päcklein der Innereien ertasten, um Magen, Leber, Herz, Nieren und die hellrosa Lungenflügelchen mit sorgfältigen Fingern herauszulösen, ohne die schreckliche grüne Galle zu beschädigen, deren Flüssigkeit das Fleisch bitter färben und damit ruinieren würde – und dies alles im dunklen Tierkörper drin, blind sozusagen, nur mit diesem alten, bäuerlichen (oder Jäger-?) Instinkt. Schau, sagte Else zu Milchen, die fasziniert zusah, schau, die Galle ist unversehrt! Ein kleines, pralles, dunkelgrünes Anhängsel war fest mit der Hühnerleber verwachsen. Magen, Herz und Lunge bekam die Katze, die eklige Galle wurde weggeworfen, das Leberchen für die Sauce reserviert. Die Eingeweide des Menschen seien ziemlich ähnlich beschaffen, Magen, Herz, Lunge, Niere, Leber, Galle, nur größer, erfuhr Milchen bei der Gelegenheit.

So ohne weiteres erklärbar war das alles ja nicht, wie Else mit ihrer Hand im Tierkörper drin die Eingeweide erspürte. Es war reine Gefühlssache. Milchen aber verstand, worauf es ankam und nahm später mit der gleichen Sicherheit Hühner, Enten und auch Forellen aus.

Vom Geflügelhändler, der mit seinem Fuhrwerk voll lebender Hühner beim Schlößchen vorbeikam, ließ sich Else die Tiere aus den Käfigen herausholen, prüfte dieses und jenes, um sich schließlich für einen dunklen jungen Hahn mit schillerndem, schwarzgrünem Federschmuck zu entscheiden. Milchen war ganz einverstanden mit Else: Er war der Schönste. Als der Händler ihr das aufgeregt flatternde und keuchende Tier reichte, packte Else unerschrocken zu und drehte ihm sofort den Hals um. Milchen war fassungslos. Um so mehr, als der »tote« Hahn noch wild mit den Flügeln schlug, ja wegzufliegen versuchte, ehe er sich streckte. Solches tat die sanfte Mama! Mit den gleichen Händen, die diese »zartrosa Fleischtöne« Rubensscher Frauen malten! Das Tier sei doch sofort tot gewesen, beschwichtigten Else und der Händler das Kind. Dieses Flattern sei nur noch eine Reaktion der Nerven gewesen! Sie schienen das alles ganz normal zu finden. Else sah so unschuldig aus wie eine Katze, die gerade einen Vogel gefressen hat. In Wien hätte man Tauben, Hühner und Enten am Geflügelmarkt immer lebend gekauft, versicherte sie. Milchen aber hatte genug gehört über den Lauf der Welt und hielt sich heulend die Ohren zu. Soviel hatte sie verstanden: Dieser Hahn war nur der Anfang. Noch Schrecklicheres erwartete sie. Von grausamen Ahnungen gejagt lief sie ins Haus.

Als der Bösch, Emils bester Kupferschmied, mit der linken Hand in die Maschine kam und sich den Mittelfinger abriß, rannte er, vor Entsetzen brüllend wie ein Tier, auf Else zu und schrie, ihr die blutige Hand entgegenstreckend, *Muetter, Muetter!* so wie ein Sohn in Todesnot seine Mutter ruft, und Else eilte ihm mit ausgebreiteten Armen entgegen, nahm den ausgewachsenen starken Mann in die Arme wie ein kleines Kind, und hielt und hielt und hielt ihn wie eine Mutter ihren Sohn hält (wie eine »Pietà« waren sie), unerschrocken und leise ihm zusprechend, daß er nicht verzweifle, und Emil mußte ihr helfen, den Arm abzubinden und hochzulagern, damit der Bösch nicht verblute, bis der Arzt kam und ihn ins Spital brachte.

Falls Else eine Madonna war, dann war sie eine wilde Madonna. Schon von zu Hause kannte sie sich mit Pferden aus und erst recht natürlich seit Rußland. Weil Jenny, der Pächter, ihr nicht glauben wollte, daß sie seine Pferde kutschieren könne, stieg sie kurzerhand zu ihm auf den Bock hinauf. Hoch da oben saßen die beiden, während Else die braune Fanny und den roten Fuchs von einem flotten Trab in einen leichten Galopp übergehen ließ. In Windeseile sah man das Gefährt auf der Landstraße daherkommen. Die Pferde warfen ihre Köpfe hoch, ihre Mähnen flatterten und man sah, daß die Sache ihnen Spaß machte. Else saß sehr gerade, sehr aufrecht, mit ernstem Gesicht. Sie schien mit den Zügeln in ihren Händen zu spielen. Beim Schlößchen angekommen, hielt sie an, sprang ab und übergab dem Jenny die Zügel. Beide lachten.

Für die Geschichte mit den Fröschen würde Else bei Tierschützern heutzutage Kopf und Kragen riskieren. Damals gab es Heerscharen von Fröschen, eine wahre Plage, und niemand dachte daran, sie zu schützen. Sie saßen im dichten Wildgras rund um den Weiher, den Emil angelegt hatte, nachdem das alte Bauernhaus niedergebrannt war. Das Haus des Nachbarn hatte man mit dem Schlauch aus der Jauchegrube vor dem Übergriff der Flammen retten müssen, was der Nachbar ziemlich übel aufnahm. Aber was sollte man machen? Doch nicht das Haus niederbrennen lassen?

Jetzt hatte man diesen sauber auszementierten Weiher mit durchfließendem Wasser, in welchem sich die von Emil ausgesetzten Bachforellen wundersam vermehrten, und mit ihnen eben auch diese Frösche. Aberhunderte von hellgrünen Laubfröschen verbrachten dort eine herrliche Sommerfrische. Man wußte nicht, woher sie gekommen waren. Wie ein gewaltiges Läuten erfüllte ihr Quaken die lauen Sommernächte. Kam man tagsüber in Weihernähe, plumpsten sie in Scharen ins Wasser. Es war spektakulär. Milchen war ungefähr acht, als sie zwischen Myriaden von schwarzen Kaulquappen und schlüpfrigem Gelege von Froschlaich, der auf der Oberfläche dahindümpelte, in diesem sogenannten Feuerweiher schwimmen lernte. In den Tiefen des Wassers glitten dicke Regenbogenforellen dahin. Wenn sie näher kamen, konnte man ihre roten Tupfen sehen. Eine Trauerweide warf ihren romantischen Schatten auf das Wasser, und der ganze Weiher war mit grobmaschigem Drahtgitter eingezäunt, damit die Kinder nicht hineinfielen. Riesige Libellen mit blaugrünen Körpern und gläsernen Flügeln sirrten darüber hin.

Am Kirschbaum reiften die Kirschen, am Weiher reiften die Frösche. Froschschenkel, erklärte Else, seien eine

Delikatesse, genausogut wie die Forellen. Sie kenne das aus Rußland. Sie sehe da keinen Unterschied. Aus diesem Überfluß an Fröschen sammelte Else einen Kessel voll (was einiges an Geschicklichkeit verlangte), machte Feuer unter dem großen Waschhafen in der Waschküche und warf die Tiere ins kochende Wasser. Dort fanden sie den gleichen sekundenschnellen Tod wie lebende Hummer in feinen Hotelküchen, wußte Else zu beruhigen. In solchen Dingen kannte sie sich aus. Else servierte die Froschschenkel ausgebacken in einem leichten Omelettenteig. Es war fast wie in China.

Manchmal glaubte man sich in der alten Donaumonarchie, manchmal in Rußland, bei Brillat-Savarin in Paris oder, Hals über Kopf, im Reich der Mitte. Obwohl die dunklen Wolken einer möglichen Katastrophe sich bereits über dem Schlößchen zusammenballten. Immer noch war das Leben ein Spiel. Elses Spiel. Barcarole, Forellenquintett, Ungarische Rhapsodie. Wo endete die Wirklichkeit? Wo begann das Wunder?

Längst hatte man sich für das Wunder entschieden. Jedenfalls wußte man jetzt, was eine Delikatesse ist.

Kupferblues

Kupfer, sagte Emil. Die haben ja heute keine Ahnung mehr, was Kupfer ist. Schon das Jesuskindlein hat man in einer Kupferschale gebadet. Wir machten kupferne Zimbeln und Tuben, Töpfchen und Gefäße, Suppenkessel und Weihwassergeschirre auf unseren transportablen Ambößchen, wir sind ja aus dem Osten gekommen. Preis nach Gewicht. Die wunderbaren Verzierungen als Dreingabe, die hat der Kupferschmied aus reiner Freude, aus Begeisterung ins Kupfer getrieben. Gratis! Wenn ich vor meinem Kupferlager stehe, seh ich das alles vor mir. All die Küchen mit dem auf Hochglanz polierten Kupfergeschirr! Die Kasserollen, die Wasserschiffe, die Suppenkessel, die flachen, weiten Sahneschalen, die Saucenpfännchen, die Ofenschalen mit den Vertiefungen für die Bratäpfel, die Wachtelpfannen, die ovalen Fischpfannen auf Forellenmaß, die Marmitten, all die Trichter, Deckel, Schöpfkellen, Kohlenbecken, Bettpfannen, die Fruchtschalen, Kaffeekännchen, Teekannen, Kakaokannen, Zuckerdosen und und und. Tagelang könnte ich aufzählen! Kupfer ist warm und weich. Eisen hart, spröd und kalt. Versuche mal einer, eine eiserne Zimbel zu schmieden! Seht ihr den Unterschied? Die Alten sagten, Kupfer sei wie die Göttin Venus, von rosiger Farbe und voller Liebe, Eisen wie Mars, der Kriegsgott.

Aus Kupfer schmiedet man Gefäße für Nahrung, aus Eisen schmiedet man Waffen!

Emil hatte sich ins Feuer geredet. Wir Kupferschmiede wissen, wie man Schnaps brennt! Wir bauen diese einfachen Brennhäfen für die Bauern, nicht wahr, und diese komplizierten, wunderbar modernen Destillierapparaturen. Wir kennen uns aus. Kupfer leitet Wärme. Für den feinsten Kirsch müssen die Früchte handverlesen sein. Beim maschinellen Schütteln kämen zuviel Blätter, Stiele, Unreinheiten in die Gärmasse hinein. Die Maische muß dann monatelang gären. Der Brenner darf es nicht eilig haben, schon gar nicht beim Brennen. Je länger, das heißt je langsamer er brennt, desto feiner das Destillat. Jeder Schnapsbrenner hat sein eigenes Verfahren, was zählt, ist das Resultat. Der Duft. Der in der Nase, und speziell der im Gaumen. Die Reinheit! Der Läuterapparat, den ich in meiner Werkstatt entwickelt habe, bringt ein glasklares Destillat. Ich werde ihn patentieren lassen.

Wir Kupferschmiede arbeiten mit Feuer, mit Hitze. Wir lassen die Funken stieben. In unseren Kupferhäfen wird Geist ausdestilliert. Wir wissen Bescheid. In unseren kupfernen Käskessi scheidet die Milch. Kupferalchemisten sind wir. Wissende.

Ich, Emil Iten, geboren 1885, werde Kupfer in die moderne Industriewirtschaft hinüberbringen! Ich mache Wasserversorgungen. Industrieanlagen. Ich fabriziere die schönsten Destillierapparaturen. Die saubersten Dampfkäsekessel für Groß-Molkereien, tausendzweihundert, tausendvierhundert Liter Kapazität, auf sieben Atmosphären Druck geprüft, 655 Kilo schwer. Ich habe 1910 die Goldmedaille in Lausanne geholt.

Emil hatte rote Äderchen im Gesicht und gerötete Augen. Er mußte ja immer ganz nah ans Feuer heran. Er roch nach Kupfer und Feuer und Ruß. Manchmal war auch sein Gesicht rußig, voller Rußschlieren, und dann zeichnete sich dieser bittere Zug um den Mund, den Metallarbeiter haben, schärfer ein. Der Ausdruck eines undefinierbaren Schmerzes, ausgelöst vielleicht durch die Kraftanstrengung und die Hitze der Esse. Ein leicht überheblicher Ausdruck auch, ein Ausdruck der Verachtung möglicherweise für die, welche nichts von Metallverarbeitung verstehen...

Else, laß uns ein kupfernes Türmchen auf den alten Erker seitlich beim Schlößchen setzen. Ein Zwiebeltürmchen vielleicht, dunkel brüniert mit Eisenoxyd, Venezianerrot und Purpurbraun. Du entwirfst es, ich baue es. Das Schlößchen des Kupferschmieds, wird man sagen, und der Österreicherin!

Else, ich kann dir erst nächsten Monat Geld für die Haushaltung geben. Ich mußte Material für das Kupferlager einkaufen.

Else, ich muß sehen, daß die Arbeiter ihre Löhne bekommen. Die Farben bei Schuhmacher in Luzern kannst du ja später bezahlen. Er gibt dir ohne weiteres Kredit, sagte Emil.

Kupferschmieden macht Durst, lachte Emil. Ohne ihm zu nahe treten zu wollen, darf man festhalten, daß Emil täglich vier Liter gerätzten Apfelmost durch seine Kehle rinnen ließ. Zwei Doppelliterflaschen voll. Chianti-Korbflaschen. Else sorgte dafür, daß immer ein Sechzig-Liter-Fäßchen Most im Keller war, abgesehen vom Quantum, das in der Werkstatt benötigt wurde. »Mostholen« im Keller war Milchens Aufgabe. Als Emil zehn war, brachte ihn Lina zum Blauen Kreuz, damit er ein Gelöbnis für lebenslange Abstinenz unterschreibe. Ein zehnjähriges Büebli! rief Emil mit diesem tragischen Zug um den Mund. Das ist ja himmeltraurig. Ein Abstinenzler als Kupferschmied! Der zehnjährige Emil, mindestens so starrköpfig wie Lina, hat die Unterschrift verweigert.

Emil behauptete, seine legendäre Gesundheit verdanke er dem Apfelmost.

Was sollte das Kupferschmiedstöchterlein Emilia Albertina mit all dem Kupfererbe nur anfangen? Emil nahm die Fünfjährige mit in die Kupferschmiede nach Emmenbrücke. Else war auch dabei. Sie lächelte. Emil ließ für Milchen eine Maschine Funken sprühen. Er lachte. Wie Wunderkerzen war das. Aus dem Lötkolben schoß diese heftig keuchende, blaue Flamme, die Milchen erschreckte. Emil zeigte ihr die Metallschienen im dunklen Hartholzboden, auf denen die Käskessi und Apparate zu den großen Hämmern gefahren wurden. Zum ersten Mal sah Milchen die rosigen Kupferhäfen, schimmernd in der dunklen Werkstatt mit den dunklen Männern, die vielen Röhren, Röhrchen, Hähne, Manometer, Destillierapparaturen. Emil brauchte seltsame Wörter: Zargen, Dichtungen, Lötkolben, Esse, Blasebalg, Schweißbrenner, Brennerzange, Laufkatze, Richtplatte, Amboß... Die Laufkatze wollte Milchen sehen! (Die kein Tier, sondern eine dicke eiserne Kette war, an der Schiene oben an der Decke konnte sie verschoben werden, und ihr gewaltiger Karabinerhaken konnte schwerste Kessel, Apparate, Kübel anheben, auflüpfen, auf die Richtplatte hieven...) Ein Höllenlärm war in der Bude. Alles war schwarz. Blind (vom Dampf? vom Ruß?) die hohen Fenster. Es roch nach Metall. Die großen Hämmer dröhnten (Musik in meinen Ohren! verkündete Emil), und ping, ping, ping-ping-ping-ping, Metall auf Metall, klangen helle Hämmerchen dazwischen. Emil konnte die riesigen Käskessi draußen vor der Werkstatt direkt auf eine eigene Bahnschiene zum Frachtbahnhof verladen. Emil mußte laut schreien, wenn er Befehle erteilte. Befehlen tat er gern. Er hatte zwei Vorarbeiter und fünf Gesellen. Vielleicht auch einen oder zwei Lehrbuben. Er war der Meister. Das Geschäft blühte. Die Arbeiter lächelten dem Kind zu. Einmal hatte Emil vom vielen Befehlen eine Stimmbandlähmung und konnte nur noch heiser flüstern. Else sagte, die Arbeiter hätten heimlich Schadenfreude gehabt. Ein halbes Jahr lang flüsterte Emil, auch der Doktor Elmiger, Ohren-, Nasen- und Halsspezialist in Luzern, konnte nicht helfen. Bis Emil Emser Salz schluckte. Nun konnte er wieder losdonnern, »den Meister zeigen«, und die Arbeiter sputeten sich.

Emil rotierte (mit dem linken Bein) begeistert in der Bude herum. Er träumte den Traum vom Kupfer, den Traum seiner Vorfahren Bonaventura I, Bonaventura II, Bonaventura III und deren Brüder, seiner Kupferschmiedeonkel und Vettern, den Traum seines Vaters Christian, der sich in der dunklen kleinen Werkstatt ohne Luftabzug mit den giftigen Kupferdämpfen den jungen Tod geholt hatte, Kupferschmiede sie alle. Fünf Generationen alt war der Traum. Eine Geschichte von Helden. Es gab nichts als Kupfer für Emil. Von morgens bis nachts drang es durch seine Haut in den Körper und bis hinein in die Seele. In seinen Träumen war Kupfer. Er stand im Morgengrauen auf, ein glücklicher Kupfer-Riese, schwang sich aufs Velo, begegnete den ersten Bauern beim Grasen. Man grüßte sich würdevoll. Um sechs stellte er das Velo im Bahnhof Luzern ein und nahm den Sechs-Uhr-zehn-Bummler nach Emmenbrücke. Um sieben begannen die Hämmer in der Werkstatt zu arbeiten. Frühling, Sommer, Herbst, Winter. Bei Schnee und Sturm nahm er das erste Postauto nach Luzern. Seinem Antrag nach einer Haltestelle »Schlößchen« war stattgegeben worden.

Vor Jahren hatte Emil einen Vorarbeiter aus Norddeutschland gehabt. Ein tüchtiger Kupferschmied und stattlicher Mann war dieser Wannenmacher. Emil war damals vielleicht dreißig. Lina um die fünfzig. Hatte sich Lina in den Wannenmacher verliebt? War da »etwas« zwischen dem Deutschen und Lina? Man sprach später kaum darüber. Nur, daß Emil den fähigen Mann ziemlich übereilt nach Deutschland zurückgeschickt haben soll, weil Lina den Wannenmacher heiraten wollte... (Was hatte eine Mutter, in ihrem Alter, nochmals zu heiraten! Das war ja ein Hohn. Hatte sie nicht alles, was sie brauchte, bei ihm, dem Sohn? War in seinem Betrieb vielleicht ein zweiter Meister nötig?)

Wie hätte der sittenstrenge Emil (von Lina sittenstreng erzogen!) das späte Begehren des einsamen Körpers der Witwe Lina Iten-Burri, die ihren trostlosen Nächten ein

Ende machen wollte, verstehen sollen? Er hatte ja nichts als Kupfer im Kopf. Wir können nur noch feststellen, daß Lina in ihrem Leben wenig geschenkt wurde. Wieder blieben ihr nur Gottesfurcht und Jähzorn.

Und das Schuften und das Herumkreiseln und das Unkrautausreißen und zweimal im Jahr vierzehn Tage Rämismühle mit ihren Brüdern und Schwestern im Glauben.

Also Kupfer. Weiter im Traum. Else zeichnete den Entwurf für das Kupfertürmchen. Emil schnitt die Kupferbleche zu, schmiedete sie zurecht, trieb die Zwiebelform hinein und verlötete die Nähte des reizenden Gebildes. Dieses bestand aus einer runden, schmalen geschwungenen Basis, auf welcher sich das sieben- oder achtteilige Zwiebeltürmchen füllig empor wölbte, um sich dann langsam zu einer zierlichen Spitze zu verengen, die, nochmals von einer kleineren kupfernen Kugel unterbrochen, in harmonischer Höhe endete. Zusammen mit vier hoch aufragenden Blitzableitern, die ihrerseits mit je einer passenden, kleineren Kupferkugel zum Türmchen assortiert waren, und zwei schmalen Hochkaminen der Zentralheizung, bildete es eine interessante Gruppe von Vertikalen, harmonisch ergänzt von kupfernen Dachkänneln und Traversen, alles im gleichen Stil brüniert und in die komplizierte Dacharchitektur eingefügt, ohne den Anspruch zu erheben, diese überragen zu wollen. Die oberste Krone bildeten naturgemäß die Blitzableiter, die ja die Aufgabe hatten, Blitze aufzufangen und ungefährlich zu machen. Schließlich lag man in einer Gewitterzone.

Im Mittelmeer, wußte Else, gebe es eine Kupferinsel, was Emil mit maßlosem Entzücken vernahm. Dort, auf Zypern, wo seit dem dunklen Altertum gewaltige Mengen von Kupfer gefördert wurden, sei Venus dem Schaum des Meeres entstiegen. In reiner, göttlicher Nacktheit. Schaumgeboren (nicht hochwohlgeboren, lachte Else...) sagte man, sei sie. Damals hieß Venus noch Aphrodite und war die Liebesgöttin der alten Griechen. Diese Griechengötter seien ja berühmt gewesen für ihre zahlreichen Liebesaffären. Es waren eben göttliche Affären, sagte Else. Vielleicht liege es am Mittelmeer. Bis zum heutigen Tag hätten die Männer jener Meeresufer den Ruf freudiger Liebhaber. Man kann sich also leicht vorstellen, daß Aphrodite eine bedeutende Göttin war. Es seien übrigens die Römer gewesen, die Aphrodite umgetauft hätten, in Venus, es handle sich jedoch um ein und dieselbe Person. Die Götter verheirateten Aphrodite mit Hephaistos, dem Gott der Schmiedekunst, den die Römer Vulkan nannten. Dieser war schrecklich eifersüchtig auf seine Gattin, die Liebesgöttin, die auf Zypern ihre geheimnisvollen Aufgaben erfüllte. Ihr Geliebter war der blühende, junge Adonis, der Frühlingsgott. Die Pein des Schmiedegottes kann sich jeder vorstellen! In den Gärten von Kouklia im Inselinnern fanden die »Aphrodisischen Mysterien« statt, an denen auch die Grazien, Gefährtinnen oder Priesterinnen der Liebesgöttin, teilnahmen. Jeden Frühling enteilte Aphrodite nach Zypern... Manchmal weilte auch Dionysos, Gott des Tanzes und des Weins, mit seinen Bacchantinnen dort. Man hatte Musikinstrumente aus Kupfer! Aus kupfernem Kelch trank Dionysos den gött-

lichen Wein, und Aphrodite wog die Wahrheit, die ja bekanntlich im Wein liegt, auf kupferner Waage. Die Götter lehrten die Menschen die Liebe. Das Volk kam übers Meer nach Cythera, der antiken Inselhauptstadt, um hier zu heiraten. Etwas müsse an dieser alten Geschichte wohl dran sein, meinte Else. Denn heute noch reisten junge Paare nach Zypern, um dort Hochzeit zu feiern, und heute wie damals werde dabei freudig gebechert. Zypern, der Name komme von Cypros, Cupros, Kupfer!
Soweit die Götter.

Wen erstaunt es, daß einer, der tagtäglich der glühenden Hitze der Esse ausgesetzt und kein Gott war, der gleichzeitig den Hammer schwingen, seine Augen überall haben, Befehle austeilen, die ganze Verantwortung für sieben Arbeiter und einen Lehrjungen, für solide, saubere Arbeit und darüber hinaus auch noch für die Rendite des Betriebes auf sich nehmen mußte (und dem außerdem die Schulden für den Umbau des Schlößchens im Genick saßen), daß so einer gelegentlich aufbrausend oder sogar streitsüchtig und rechthaberisch werden konnte? Einer, der so tüchtig war wie Emil? Der so hohe Ansprüche an sich selber und an seine Umgebung stellte? Einer, der Kupfer dermaßen liebte, daß es manchmal fast nicht zum Aushalten war?

Emil spreizte die Finger seiner großen schwarzen Hände vor Elseles und Milchens Augen, Handflächen nach oben, Handflächen nach unten, wobei sein Gesicht einen Ausdruck bekam, als ob er das Evangelium verkünden wollte, mit diesen Händen, erklärte er feierlich, habe er *Hunderte von Käskessi* gemacht! Ganz ungläubig studierte er seine Hände. Als ob diese Hände all die Käskessi von selber gemacht hätten, sagte er, ohne sein Zutun, ganz selbständig. Kupferschmiedehände, die man einfach machen lassen konnte! Grenzte es nicht an ein Wunder? Dann lächelte Emil sein bitteres Lächeln und schwieg.

Was sollte man dazu sagen?

Emils Gesicht sah ziemlich verzweifelt aus. Heute könne sich ja niemand mehr vorstellen, was ein Kupferschmied damals geleistet hätte! Heute habe man diese Lötkolben, diese Sauerstoffflaschen. Damals brachte der Kupferschmied eine Kerzenflamme mit einem Blasrohr zur Lötstelle! Wenn er Kohle zur Wärmeentwicklung verwendete, mußte deren Flamme mit einem Blasbalg reguliert und zur Lötstelle getrieben werden. Oder ein Lehrling mußte stundenlang *mit einer Vogelschwinge*, jawohl, mit dem Flügel eines Hahns zum Beispiel, den man in einen Holzgriff gefaßt hatte, dem Meister die Flamme genau dorthin fächeln, jawohl, *fächeln!* rief Emil aus, genau dorthin wo der Meister ein wenig Hitze brauchte, um eine Nahtstelle zu verlöten! Und wer meine, solches »Fächeln« sei ja nun vielleicht keine Schwerarbeit, sondern eher ein Scherz, der täusche sich gewaltig. Die immer gleiche, intensive Bewegung erforderte nämlich Kraft und höchste Aufmerksamkeit, ja Sensibilität und führte oft zu schmerzhaften Schwellungen des Handgelenks.

Volle zwei oder drei Tage arbeitete damals der Meister gemeinsam mit einem Lehrling oder Gesellen, um einen großen nahtlosen Kessel mit dem bloßen Hammer aus einem einzigen Stück Kupfer herauszuschlagen! Ein Vorgehen, das Körperkraft und Schlagsicherheit verlangte, ganz abgesehen vom Fingerspitzengefühl – wenn man das so sagen könne – damit der Boden nicht »durchschlagen« wurde. Ein Riß hätte ja das ganze Stück ruiniert. Man hätte es gerade noch zum Einschmelzen geben können. Auch für später auftretende Defekte haftete der Meister. Größere Arbeiten mußte er mit seinem Namen oder Firmastempel kennzeichnen. Später dann konnten Kesselböden als Halbfabrikate bezogen werden, was dem Meister ermöglichte, in der gleichen Zeit bis zu drei Kessel fertigzustellen.

In diesem Zusammenhang könne man sich etwa denken, daß eine erstklassige Kupferqualität von höchster Bedeutung sei. Kupfer müsse elastisch, gut schmiedbar sein. Darauf habe er, Emil, natürlich für sein Kupferlager in erster Linie zu achten!

Heute haben wir in der Schweiz fünf große Kupferschmiedmeister, fuhr Emil, in Fahrt gekommen, fort, Gerber Langnau, Cleis Sissach, Dillier Sarnen, Lutz Ilanz und Iten Emmenbrücke. Alles ausgezeichnete Fachleute. Kapazitäten in Sachen Kupfer. Wir werden uns von den Herren in Bern unsern Beruf nicht verbieten lassen!

Warum denn verbieten, Papa?

Die wollen uns die Herstellung von Schnapsbrennereien verbieten! Man stelle sich das vor. Ein Schnapsgesetz wollen die einrichten. Angeblich wegen der »Volksgesundheit«. Ein Hohn. Unsere Brennereiapparate wollen sie aufkaufen und in ein Depot versenken, unschädlich machen! Sind wir etwa Volksschädlinge? Jedes neue Brennhäfeli braucht dann eine Bewilligung von Bern! Die wollen uns ja kaputtmachen! Wir werden das nicht akzeptieren! Schließlich sind wir freie Schweizer. Wir lassen uns nicht dirigieren von Bern. Man kann einem freien Schweizer das Arbeiten nicht verbieten!

Emils Gesicht zeigte tiefste Melancholie. Er sprach mit einer Art bitterer Hoffnungslosigkeit, als ob er sich an ein verständnisloses, imaginäres Publikum wenden müßte, das ihm kaum Interesse entgegenbrachte. Allein auf weiter Flur stand der stolze Kupferriese, Abkömmling der Bonaventura I, II und III, der »Männer des guten Abenteuers«, und er fühlte, daß er der Letzte eines großen Kupfernen Zeitalters war, der letzte Iten Kupferschmied. Der letzte freie Schweizer! Emil beschloß zu kämpfen für Recht und Gerechtigkeit.

Und wenn er mit Bern prozessieren müßte!

Mit seinem ganzen Körper lauscht Emil hinein ins Kupfer. Kupfer ist für Emil das, was für Satchmo seine Trompete. Die Welt! Diese Zärtlichkeit kennt Emil, diesen Jubel, diese metallige Anarchie, ohne Satchmo zu kennen. Emil tanzt den Kupfertanz, rotierend vor Begeisterung mit dem linken Bein. Er tanzt den Tanz der Bonaventuras, die all diese Ambößchen hatten, Ambößchen mit breiten, runden und hohen kegelförmigen Köpfchen, diese Hämmer, Hämmerchen und Fäustchen, mit denen sie die wunderschönen Kesselchen formten und diese Ornamente, Ranken, Fischschuppen, Sonnen, Monde, Sterne und ganze Kupfergalaxien ins rote Metall hineintrieben. Die Bonaventuras lassen ihre

Hämmerchen auf Emils Seele tanzen, ping, ping, ping-ping-ping-ping und bringen ihn auf Trab und in Schwung, im uralten Hämmerchentakt, den Emil jetzt gerade neu erfindet.

Noch einmal läßt er Hämmer und Hämmerchen und seine wilden Kupferschmiede tanzen. Mit Hämmern zum Dehnen und spiegelglatten Polierhämmern wirbeln sie in der Werkstatt herum, mit Brennerzangen, Flanschen, Hahnen und Hähnchen, Schrauben, Muttern, Zwingen, Engländern, auf Richtplatten, Ambossen, großen und kleinen, schmieden sie kreisrunde Käskessiböden, Käskessiringe und schimmernde Brennhäfen für köstlichen Branntwein und lassen die Funken auf der Esse stieben. Mit samtenen Schritten geht Else durchs Kupferreich. Venus und Amor in der Kupferschmiede. Seit jeher hatten Künstler Musen. Der kleine Götterliebling ist diesmal weiblich, nicht Emil Albert heißt er, sondern Emilia Albertina. (Else sagt, im Grunde genommen sei dies ein Glück! Warum, werden wir noch herausfinden...) Emil also rotiert nach dieser alten, wunderbaren Kupfermelodie. Die schwarzen Kupferschmiede lächeln Milchen zu, das Kind dreht und dreht und dreht sich und sucht die Laufkatze, die sich laut rasselnd am Plafond bewegt...

Draußen vor der Werkstatt treibt die Welt auf die Wirtschaftskrise der Dreißiger Jahre zu.

Emils Kummer verfinsterte sein Gemüt. Er schlug wie ein Wilder um sich, handkehrum verfiel er in Melancholie. Er schuf sich Feinde. Er hatte Wutanfälle. Er wurde aggressiv, führte Monologe über Kupfer, denen niemand mehr zuhören mochte. Tage und Nächte lang sinnierte er darüber nach, wie er zu dem, was er »sein Recht« nannte, kommen könnte. Er entwarf wilde Strategien. Einige davon führte er aus. Er schrieb »scharfe Briefe« an die Alkoholverwaltung in Bern. Das heißt, er diktierte und Else schrieb sie, und er setzte seine rasante Unterschrift darunter, die er mit einem Degenhieb unterstrich. Er drohte. Er wiederholte sich. Er drehte sich im Kreis. Er versuchte sein Geschäft zu sanieren. Er nahm einen Anwalt. Genußvoll feilte er an seinen Anpöbeleien herum.

Diese Seelenmörder in Bern, donnerte er, werden den Iten noch kennenlernen! Denen werde ich zeigen, was ein Kupferschmied ist!

Elses Zuspruch der feineren Art schien Emils Ohren kaum noch zu erreichen. Mehr und mehr reduzierte sich sein Sprachvermögen auf Angriff und Verteidigung, und öfters geriet ihm beides durcheinander. Wenn Else gefragt wurde, wie sie diesen Zustand nur aushalte, dann bedeckte sich ihr schmales, aristokratisches Gesicht mit einer feinen Röte. Sie pflegte sich dann auf unnachahmliche Weise sehr gerade aufzurichten, zu Boden zu blicken und mit tiefer Bescheidenheit sehr leise, wie zu sich selbst, zu sagen: Ich bin eine C.!

Als ob dies alles erklärte. Daß eine C. niemanden im Stich lasse, und daß dies eigentlich selbstverständlich, nicht der Rede wert sei. Fast schien sich Else für diejenigen, die eine solche Frage stellten, zu genieren. Außerdem habe sie ja schon Rußland »durchgemacht«. (Als sei sie damit bereits »katastrophengeübt«...) Die Erinnerungen an ihre glückliche Kindheit, an ihre Familie und an Rußland, ja, auch an Rußland, machten ihr immer wieder Mut. Das Wichtigste für den Menschen aber sei eine glückliche Kindheit! Die könne einem niemand nehmen.

Ein Briefwechsel ganz besonderer Art hielt diese Erinnerungen lebendig. Jede Woche trafen Mamas Briefe mit ihrer großzügigen, schön geformten Schrift an die »Hochwohlgeborene Else Iten-C., Fabrikantengattin« ein. Woche für Woche schrieb Tscheggele jedem ihrer Kinder das Neueste aus der Familie, von den Schwestern Josefine, Frieda, Bianka, Else, Valerie, Wilma, ihren Männern und Kindern und von den Brüdern, Zusammenfassungen der Briefe, die sie von ihren Töchtern (vor allem von den Töchtern) und Söhnen erhielt. Auch die Schwestern schrieben sich untereinander. Und jede Woche schrieb Else nach Hause. Sie hielt es wie Tscheggele und die Schwestern: Am liebsten berichtete man Erfreuliches. Daß Elsele und Milchen sich reizend entwickelten. Daß der Park des Schlößchens in prachtvoller Blüte stand. Daß Else soeben ein Deckengemälde (das sie eingehend beschrieb) fertiggestellt habe, und daß Emil..., nun, wie immer ein aufmerksamer und liebevoller Gatte sei (trotz vorübergehender geschäftlicher Schwierigkeiten) und so weiter im Text. Negatives ließ man nach Möglichkeit aus, so daß die Ankunft eines jeden Briefes hier wie dort freudig begrüßt werden konnte. War man doch einmal gezwungen, eine düstere Meldung durchzugeben, bemühte man sich um eine Formulierung, die den Empfänger schonte. Jammern war nicht üblich. Es war eine Frage von Anstand, Eigenverantwortung und Contenance. Hier wie dort aber verstand man zwischen den Zeilen zu lesen. Schließlich gab es, und dies war ein bewundernswertes Relikt aus der alten Donaumonarchie, unzählige Möglichkeiten, die Wahrheit diplomatisch zu sagen!

Papas Briefe waren seltener. Man erkannte sie sofort am gestrengeren Duktus der Schrift. Darin ging er beispielsweise auf die Feuerweiher-Frage ein. Nie waren seine Briefe an Emil, sondern ausschließlich an Else gerichtet. Der Rechtsanwalt Dr. Albert C. schnitt seinen Schwiegersohn kategorisch. Else ihrerseits erzählte ihrem Papa, daß die Weltwirtschaftskrise auch in der Schweiz spürbar sei. Aber ganz so, als ob man persönlich alles im Griff habe.

Außerdem wußte man, daß die österreichische Mama jeden Abend ihre in alle vier Himmelsrichtungen verstreuten Kinder segnete, jedes einzelne, über alle Landesgrenzen hinweg, und alle wußten, daß sie gesegnet waren, und es mag ihre Herzen gerührt und gestärkt haben.

Zurück zu Emil. Er mußte ja nun wirklich von allen guten Geistern verlassen gewesen sein, als er mit seiner ledernen Brieftasche, seinem persönlichen Statussymbol für geschäftlichen Erfolg und, wenn man so will, männlichen Machtanspruch, im Jähzorn auf Elses Rücken schlug! Als ob ich ein Hund wäre, beschwerte sich Else im Brief, den sie, voller Empörung und Trauer, gleichen Tags an ihren Papa schrieb. Es war ein sehr ungewöhnlicher Brief. Die Antwort kam per Telegramm. Nimm die beiden Mädelchen, schrieb der Rechtsanwalt Dr. Albert C., dem Klartext seit jeher lieber war als Diplomatie, und verlaß den Grobian! Wir erwarten euch mit offenen Armen!

Auch Emil bekam einen Brief vom Schwiegervater, den einzigen. Der Brief blieb ungelesen auf Emils Nachttisch liegen. Er wußte ja, was drin stand.

Else blieb bei Emil. Nur sie beide wissen, was sich in jenen Tagen zwischen ihnen abgespielt hat. Wie Emil es fertigbrachte, Elses Herz zurückzugewinnen, ihre Verzeihung zu erlangen. Milchen war heilfroh, daß man wieder zur Tagesordnung überging (falls von Ordnung die Rede sein konnte ...), und wollte es nicht so genau wissen. Wir müssen uns mit Vermutungen zufrieden geben.

Wenn ich nicht bei Euch bliebe, wen hättet Ihr dann noch? sagt die arme Gelsomina zu Zampano in Fellinis »La Strada«, als sie, hellsichtig, erkennt, daß dieser ohne sie verloren wäre.

Wer hätte Gelsomina besser verstehen können als Else?

Der Untergang
des Kupfers

Und dann kam der Brand des Bauernhauses. In der Nacht auf Palmsonntag im Jahr Neunundzwanzig brannte das alte Holzhaus bis auf den Grund nieder. Wie eine riesengroße Fackel habe es die Nacht erleuchtet, hieß es, Funkengarben stiegen in den dunklen Himmel. Die ausgedörrten Holzschindeln waren dem Feuer williger Zunder.

Milchen hatte die Brandnacht in ihrem sagenhaft tiefen Kinderschlaf durchgeschlafen. So fest war Milchens Schlaf, daß man sie während der Umbauarbeiten im Schlößchen schlafend, mitten im Baulärm, in ihrem Bettchen von einem Zimmer ins andere transportieren konnte, wo sie nach ein paar Stunden staunend aufwachte. Auch in dieser Brandnacht wollten Emil und Else das Kind nicht unnötig erschrecken und aufwecken. Es war damals noch nicht ganz fünf.

Milchen erwachte im Papageienzimmer. Eine helle Vorfrühlingssonne schickte ein zaghaftes Lächeln durch die Vorhänge. Milchen blinzelte zu Elsele hinüber. Das Bett war leer. Im Nebenzimmer hörte sie gedämpfte Stimmen. Das war sehr ungewöhnlich. Sie lief hinüber ins blauweiße Porzellanzimmer, das zwischen Kinder- und Elternschlafzimmer lag. Else, Emil und Elsele standen vor den französischen Fenstern.

Ja, Milchen, sagte Emil ganz langsam und feierlich, das Bauernhaus ist heute nacht abgebrannt! Später behauptete Emilia Albertina, Emil habe an jenem Morgen erstmals »jene Stimme« gehabt. Jene fatale Ruhe, mit der er von nun an Katastrophen entgegennahm. Als ob er sie geradezu erwartete. Es war die Stimme Hiobs, der wußte, daß Gott beschlossen hatte, ihn zu prüfen. Oder zu bestrafen. Und der aufgehört hatte zu fragen: *Warum?* Emil kapitulierte vor Gott.

Aber nie vor den Menschen. Niemals vor den Menschen!

Die Halunken! sagte Emil. Diese Halunkenbande! wiederholte er.

Alle vier also standen sie jetzt bei den Fenstern im Porzellanzimmer. Zwischen den Ästen der hohen Thujabäume blickten sie hinüber zum alten Bauernhaus, das einfach nicht mehr da war. Sprachlos. Milchen kniff sich in die Wange, weil sie zu träumen glaubte. Nichts war zu sehen als eine leere graue Fläche, aus der gerade noch ein stilles Räuchlein aufstieg. Später ging man hinüber zur Brandstatt. Ein von der Hitze ausgeglühtes, verbogenes Blechsieb lag einsam auf einem noch Wärme ausstrahlenden Aschehäufchen. Das Feuer hatte ganze Arbeit geleistet. Die Pächterfamilie M. samt Hausrat und Viehbestand hatte sich vor dem Feuer auf einen etwas weiter entfernten Nachbarhof geflüchtet. Das Schindelhaus des Nachbarn K. mußte vor dem Übergriff der Flammen mit dem Schlauch aus der Jauchegrube gerettet werden. Nach ein paar Tagen setzte ein kräftiger Dauerregen ein, der den übelriechenden Belag wegwusch.

Es wurde viel über den Fall geredet. Niemand wollte etwas gesehen oder gehört haben. Obwohl die Tatsache nicht geleugnet werden konnte, daß der Rote Hahn genau in der Nacht gesetzt wurde, als die kinderreiche Familie M. den Hof zu verlassen gehabt hätte. Tatsache war, daß sie keine Anstalten dazu machen wollte. Die größeren, fast erwachsenen M.-Buben, hieß es, hätten dem Iten geschworen, ihm die Kündigung heimzuzahlen. Man wollte auch einen »Schatten« gesehen haben, der ums Haus herum schlich, kurz bevor es in Flammen aufging. Beweisen jedoch ließ sich nichts. Es war eine beinahe sizilianische Situation. Steinernes Schweigen. Mit Hausrat, Vieh und Fahrhabe zogen die M.'s bei Nacht und Nebel dann weiter. Sie sollen ins Aargauische hinüber gewechselt haben. Nur der Landjäger kannte den neuen Wohnort, wegen der Untersuchung. Man hat nie mehr von ihnen gehört.

Zu sagen ist, daß das Haus sehr baufällig gewesen war. Drei Wochen vor dem Brand war noch die Feuerversicherung da gewesen und hatte es um mehr als ein Drittel tiefer eingeschätzt. Von einem Versicherungsgewinn konnte nicht die Rede sein. Ganz im Gegenteil! Und doch mußte so rasch wie möglich ein neues Bauernhaus her. Die schöne Liegenschaft mußte bewirtschaftet werden.

Über den Bauernverband gelangte man (Else!) zu Subventionen, hatte sich jedoch gewissen Auflagen zu fügen. Fügsamkeit war ja nun nicht gerade Emils herausragendste Eigenschaft, und es kam zu den vorhersehbaren Kontroversen. Mit dem Bauernverband. Mit dem

Architekten des Bauernverbandes. Emil, freier Schweizer! wetterte. (War er frei, oder war er streitsüchtig? konnte man sich fragen.) Else vermittelte. Immerhin stand in kurzer Zeit ein attraktives neues Bauernhaus, in das ein junger Pächter, der Jenny, mit seiner schönen rothaarigen Bäuerin Einzug hielt. Sie war eine reiche Bauerntochter, deren Brüder den elterlichen Hof übernommen hatten. In Jennys Scheune standen zwanzig Stück Braunvieh und im Pferdestall zwei prächtige Pferde, Fanny, die Braune und Fuchs, der Wallach mit blonder Mähne, des jungen Bauern ganzer Stolz. Emil brachte im Stall Modernisierungen an, unter anderem eine Selbsttränke für die Kühe. Ein neues Zeitalter konnte beginnen. Else verstand sich gut mit der jungen, stolzen Bäuerin, und Emil saß am Sonntag nachmittag mit dem Jenny beim Kaffee Träsch und lachte immer noch sein homerisches Lachen. Du, Hans, sagte Emil zum Jenny, und du, Emil, sagte der Jenny zum Iten.

Wäre es allein um den Brand und den Wiederaufbau des Bauernhauses gegangen, hätte man sich vielleicht wieder erholt. So sagte Else. Wäre nicht das Alkoholgesetz mit dem Verbot zur Herstellung neuer Brennereien dazu gekommen. Hätten nicht plötzlich in der Kupferschmiede die Aufträge gefehlt. Wäre nicht die Wirtschaftskrise der Dreißiger Jahre über die Welt hereingebrochen, die ja weite Kreise der Bevölkerung und ganze Länder ins Elend stürzte. Und hätte nicht das Schlößchen immer neue, nicht voraussehbare Unsummen verschlungen... Dann, ja dann, sagte Else, hätte man die Situation vielleicht doch noch in den Griff bekommen. Eine Schwierigkeit weniger, und man hätte es geschafft. An einem Faden hing alles. Hätten sich nur nicht gar so viele Faktoren aufs Mal gegen Emil und Else verschworen!

Auch das entsetzliche Unwetter im Sommer des gleichen Jahres Neunundzwanzig, das mit seinen mächtigen Hagelschloßen den ganzen Verputz von der Fassade des Schlößchens herunterschlug, hatte man ja nun wirklich nicht bestellt.

Das Hagelwetter war von Westen gekommen, von Rothenburg her. Von Rothenburg her kämen die schwersten Gewitter, hieß es. Der Himmel war eine schwarze Wand. Dann eine schwefelgelbe Wand. Es war nachmittags um fünf, Sonntag. Es wurde dunkel. Der Strom war weg. Es begann fürchterlich zu donnern und zu blitzen, ohne Unterbruch. Man konnte keine Sekunden mehr zählen. Eine Sekunde zwischen Blitz und Donner bedeutete einen Kilometer Distanz. Blitze und Donnerschläge fielen jetzt gleichzeitig mit schrecklicher Gewalt. Das Gewitter befand sich direkt über dem Schlößchen. Dann ging ein ohrenbetäubendes Krachen los: Riesige Hagelschlossen, groß wie Kinderköpfe hieß es anderntags in der Zeitung, so etwas hatte man noch nie gesehen! zersplitterten sämtliche Fensterscheiben an der Westseite des Schlößchens. Sie drangen ins Treppenhaus ein und stürzten sich über die breite, dunkle Eichenholztreppe hinunter, zuerst waren es trockene Eiskugeln, lebensgefährliche Geschosse, die bald darauf in einem Bach von Regenwasser tanzten. Emil hatte die Bewohner des Schlößchens in den schmalen, fensterlosen Gang zwischen Küche und Eingangshalle gerufen, mit seiner entsetzten, lauten Stimme, denn die Eiskugeln schossen im Treppenhaus wild durcheinander, sie hätten einen erschlagen können. Kein Raum, der ein Fenster hatte, bot Schutz. Eng zusammengedrängt standen Emil, Else, Elsele, Milchen, Lina, Anna das Dienstmädchen und zwei von Emils Kupferschmied-Gesellen, die damals oben im Dachstock einquartiert waren, auf dieser winzigen, geschützten, nachtschwarzen Insel und starrten schreckgebannt auf die Wassermassen, die schäumend die Treppe herabkamen. In der Dunkelheit sah man die hellen Eiskugeln aufschimmern, einen tödlichen, weißen Schlamm. Nach einiger Zeit schwoll der Hagelschlag ab, ein sturzbachartiger Regen fiel jetzt, der die abgeschlagene Fassade bis auf die steinernen Mauern auswusch, eine milchweiße, kalkige Flüssigkeit am Boden zurücklassend. Wie Schuppen war der Kalkverputz vom Mauerwerk gefallen.

»... denn die Elemente hassen / das Gebild' von Menschenhand«, hörte man Else düster, ganz leise flüsternd, weil ihr gerade »Schillers Glocke« eingefallen sein mußte, und Milchen dachte, dieser Dichter sei nun wirklich kompetent. Er mußte Ähnliches gesehen haben, um so sprechen zu können. Else war kreideweiß. Emil aber ächzte nur noch.

Emil, dieser Altgläubige. Dieser träumende Kupferschmied. Elses Lebensaufgabe.

Man mußte sich sputen. Die Feuerwehr half aufräumen. Das Haus wurde eiligst in ein Drahtgitter gespannt und mit Hartputz überzogen. Man reparierte die Fenster, ersetzte die französischen Scheiben, deckte das

Dach neu. Das Schlößchen bekam einen hellen, frischen Kalkanstrich. Ein ganz neuer Elan beflügelte Else und Emil! Else umrahmte die Fenster mit barockem Grünzierat. Und als der Schreiner, der alle zweiundfünfzig Fensterhöhlen in ihren beinahe zweiundfünfzig verschiedenen Größen genau ausgemessen und notiert hatte und dann beim Einhängen der neuen Jalousien alle verwechselte, hier absägte, dort ansetzte, bis die letzten zwanzig überhaupt nicht mehr paßten und neu gemacht werden mußten, als dieser selbe Schreiner dann endlich auch die Fensterladen zum Stimmen gebracht hatte, da beeilte sich Else, sie mit anmutigen weißen Schildern auf ziegelrotem Grund zu bemalen. Von morgens früh bis abends spät malte sie, hundertvier einzelne Fensterladen, auf der Vorderseite, auf der Rückseite, total zweihundertacht Fensterladenseiten für zweiundfünfzig Fenster waren es, die sie mit Barockmotiven versah, und das sagt sich natürlich sehr viel schneller, als es gemalt war!

Als alle hundertvier Jalousien an den richtigen Fenstern hingen, da staunten die Nachbarn und sagten, das Haus sei nicht wiederzuerkennen! Ein Bild von einem Haus. Das Schlößchen hatte ein neues Kleid angezogen und prangte im frisch gewaschenen Grün des verwunschenen Parks.

Fehlte nur noch der besagte Feuerweiher. Man hatte den Papa draußen im Tirol über die Notwendigkeit eines solchen informiert, das heißt, Else hatte gebeten, einen Teil ihres Erbes dafür vorbeziehen zu können. (Soso, der Herr Schwiegersohn wünscht sich einen Weiher, äußerte sich Albert C. und schickte seiner lieben Else das Geld...) Emil war auf seinem Waldstück oben im Homberg auf eine Quelle gestoßen, die reichlich Wasser führte. Er beeilte sich, die komplizierten Wasserrechte mit den umliegenden Waldbesitzern – einer davon war das Kapuzinerkloster Wesemlin – abzuklären, faßte dann die Quelle, leitete das Wasser in eine geräumige Brunnstube und baute diesen Weiher, der im Falle einer erneuten Feuersbrunst genug Löschwasser für das Schlößchen und die umliegenden Häuser liefern würde. Er war nicht einfach rund oder oval oder viereckig, sondern nierenförmig. Dadurch ergab sich eine kleine Halbinsel, für die Trauerweide.

Unter Emils Regie wurde der Aushub gemacht, wurden die Röhren für die Wasserzu- und Ableitungen gelegt, eigenhändig zementierte Emil das Becken aus, Elsele half ihm, schleppte die Pflasterkübel mit der Zementmischung an, ja, sie wußte bereits um das richtige Verhältnis von Zement und Wasser, und zusammen strichen sie die Wände des Beckens glatt. Die Maße waren wie immer großzügig. Als die Grube fertig auszementiert war, ließ man sie trocknen. Es war ein schöner Sommer, der Jenny konnte das Heu einfahren, die Vögel zwitscherten im Park, und hoch oben über dem Schlößchen jagten sich gegen Abend die Mauersegler. Sie zeigten gutes Wetter an.

Der Tag, an dem Emil das Wasser einlaufen ließ, war ein absoluter Höhepunkt. Um so mehr, als es sich um eine Leistung familieneigener Kräfte handelte! Emil, Else, Elsele, Milchen, Lina, die Pächtersleute und ein paar Nachbarn (schließlich lag dieses Feuersbrünste löschende Naß im Interesse der ganzen Umgebung) kamen zum neuen Weiher und blickten auf die leise bewegte Wasserfläche. Tief beeindruckt, seltsam berührt schienen sie. Der Weiher war ja wirklich idyllisch geworden. Und er funktionierte. Nicht schlecht, trotz allem, der Iten!

Das Schlößchen, der Park, der Weiher – eine einzige Idylle!

Jetzt konnten die Regenbogenforellen eingesetzt werden. Wie Emil das anstellte, war für Milchen ziemlich mysteriös. In kürzester Zeit hatten sie sich wundersam vermehrt. Plötzlich war der Weiher voller Fische. Sie wuchsen und wuchsen und wuchsen, zu wahren Prachtexemplaren entwickelten sie sich. Im tiefdunklen Wasser konnte man die Schatten dieser großen Fische dahingleiten, auftauchen und wieder verschwinden sehen, und wenn sie der Oberfläche nahe kamen, sah man die Tupfen auf ihren Rücken. Dieser Tupfen wegen hießen sie Regenbogenforellen, erklärte Emil. Oder Bachforellen, da sie ausschließlich in fließenden Gewässern lebten. Emils Weiher war ein sogenanntes »fließendes Gewässer« (obwohl sein Wasserspiegel kaum bewegt war), weil er einen ständigen Zufluß von frischem Quellwasser aus dem Hombergwald und einen Abfluß hatte. In einem »stehenden« Wasser wären die Forellen umgekommen. Emils Weiher behagte ihnen. Er behagte auch einer riesigen schwarzen Natter, die sich am Weiherrand niederließ, und einer Heerschar von Fröschen, von denen wir bereits gehört haben.

Emil habe eine gute Hand für die Natur, sagte Else. Den absoluten Instinkt! Er verstand sich auf Kupfer, Wasser und Forellen, auf Bäume und Pflanzen, auf

Bäume im besonderen und ganz speziell auf Waldbäume, auf Feuer und auf die Luft, die er auf seiner Esse regulierte. Es war beeindruckend. Er wußte, wie man eine Quelle faßt (welcher Mann kann das heute noch von sich behaupten?), wie man Blitze ableitet, Wasser leitet, eine Zentralheizung baut, mit Kohle füttert und ausgebrannte Schlacke wegschaufelt. Und, last not least, so sagte Else, schmiedete er *Kupfer*. Emil sei ein Pantheist, einer, für den das ganze Universum beseelt sei, was etwas ganz anderes sei als etwa ein »Phantast«! Indem sie seine vielfältigen Fähigkeiten auflistete, wurde man den Verdacht nicht ganz los, daß sie davon ablenken wollte, daß Emil vielleicht auch ein paar Schwächen hatte. Sich selber und allen andern lieferte sie den Beweis, daß Emil etwas Außerordentliches war. Und das war er ja auch. Vielleicht war er eine Art Dichter. Dichter in Kupfer. Daß er nicht auch noch ein gerissener Kaufmann sein konnte, das war ja wohl jedermann klar. Um so mehr, als auch Else wenig für Buchführung übrig hatte.

Als das Essen im Schlößchen knapp wurde (das Alkoholgesetz und die Halunken in Bern waren an allem schuld!), da begehrte Emil auf, keiner solle ihm, dem Kupferschmied Iten, vorhalten können, er lasse seine Frau und die Töchter verhungern! Er beschloß, eine Kaninchenzucht für den Eigenbedarf aufzuziehen. Wieder mit überragendem Erfolg! Er kaufte ein Pärchen »Belgische Riesen«, mächtige Tiere mit schneeweißem Fell und rosaroten Augen, die wie Albinos aussahen. Dies seien die Rassemerkmale, erklärte Emil. Bald füllten wunderhübsche, seidenweiche weiße Häschen, Nachkommen der Gründereltern (genannt »Adam« und »Eva«) die verschiedenen Abteilungen des neuen Hasenstalls. Sie waren außerordentlich sauber und gepflegt. Emil verwöhnte sie mit erlesenen Kräutern.

Milchen war der Gedanke, daß man sie alle aufessen würde, zutiefst zuwider. Auch Elses Begeisterung hielt sich in Grenzen. Sie mochte Kaninchenfleisch nicht besonders. Man soll Emils guten Willen akzeptieren, sagte sie.

Hier muß keiner verhungern! verkündete Emil. Man hatte jetzt Kaninchen und Forellen!

Emil und Milchen saßen unter der Trauerweide beim Weiher. Mucksmäuschenstill saßen sie. Sie angelten Regenbogenforellen. Emil hatte ein zappelndes Würmchen an die schreckliche Angel gespießt. Es sollte die Forelle anlocken, die den Leckerbissen mit dem Tode bezahlen würde. Milchen hoffte verzweifelt, daß bei ihr keine anbeiße. Plötzlich riß und zuckte es wie verrückt an Emils Schnur, flink rollte er sie ein, schleuderte sie hoch, silbrig glitzernd, mit leuchtend roten Tupfen, schlug eine dicke Forelle um sich. Sie versuchte sich zu befreien, doch tief saß die Angel in ihrem Gaumen. Emils Faust packte zu, hielt den zappelnden Fisch bei den Kiemen fest, und er zeigte Milchen, wie man dem Tier mit einem kräftigen Griff nach rückwärts sekundenschnell das Genick bricht. Dann öffnete er das Maul der schönen Forelle, damit Milchen die nach innen gerichteten kleinen Zähne sehen konnte. Wenn sie eine Beute schnappten, gab es für diese kein Zurück mehr!

Sieh, Milchen, sagte Emil, die Forelle ist ein Raubfisch, so klein sie ist. Wunderbar ist die Natur! Milchen brachte kein Wort heraus. Sie fühlte sich ziemlich schlecht und hoffte, daß Emil von ihrer momentanen Schwäche nichts mitbekam. Emil fing fünf Stück. Alle übrigen tummeln sich weiterhin in der herrlichen Freiheit des Weihers, fügte Emil noch an. Vielleicht um Milchen zu trösten? Er sah glücklich aus. Else kochte die Forellen »blau«, in einen zartblauen Schleier gehüllt. Für diese Zubereitungsart mußten die Forellen fangfrisch sein, und das waren sie zweifellos. Man ernährte sich jetzt von Regenbogenforellen.

Zwölf Jahre waren ins Land gegangen. Das »Gesamtkunstwerk« war vollendet, aber nie war die Idylle zerbrechlicher gewesen. Nicht, daß die Katastrophe von einem Tag auf den andern gekommen wäre. Es war nicht so, daß man eines Morgens aufwachte, und die Katastrophe war da. Über eine gewisse Zeit hatte man beides zugleich: die Idylle und das Elend. Mal hielt die Idylle, mal das Elend die Oberhand. Abwechslungsweise. Eines durchdrang das andere. (Anders hätte Else das nicht zugelassen.) Und so gewöhnte man sich langsam an beides. Eine Art »glücklicher« Verzweiflung war es, in der es auch noch Hoffnung gab. Und doch war in Emils Vokabular ein neues Wort aufgetaucht: öfters sprach er von seinem »Ruin«. Ich bin »ruiniert«, sagte er. Von allen Seiten ging er an dieses einzige Wort heran, versuchte zu begreifen, was ihm geschah. Ihm, dem Rechtgläubigen. Dem hochkarätigen Berufsmann. Dem Kupferschmied, einem der Besten im Land!

Es gab keinen Zweifel mehr: Der Untergang war nicht aufzuhalten. Schon vor geraumer Zeit hatte man das Dienstmädchen entlassen.

Else legte einen großen Gemüsegarten an, und ihr »Naturgefühl« stand demjenigen Emils keineswegs nach. Sie kaufte einen neuen Leiterwagen und brachte die prächtigen Zucchetti (damals ein ganz neues Gemüse), Gurken, Bohnen, Salat, Sellerie ins erste Vegetarische Café-Restaurant von Herrn Sauter in Luzern. Es war eins »ihrer« Cafés, als sie noch bessere Zeiten kannte. Herr Sauter war einverstanden, ihr Gemüse zu kaufen. Hochgemut zogen Else und Elsele mit dem Gemüse los. Eine gute halbe Stunde hin, mit dem Karren durch die Stadt, eine gute halbe Stunde zurück. Die Rückkehr war ernüchternd: Mehr als halb voll war das Kärreli geblieben. Else (Hiobs Frau!) erzählte, der Salat sei nicht die richtige Sorte, die prächtigen Gurken seien zu dick, man esse heute nur noch die sogenannten »Schlangengurken«, lange, dünne Gebilde, die Zucchetti seien leider zu groß und die Bohnen nicht zart genug. Es war nicht zu übersehen, daß Else den Herrn Sauter verachtete. Die Gemüselieferungen ließ sie von da an sein.

Lina schimpfte und klagte: Ich mag nicht mehr! Sie ging jetzt gegen die Siebzig und sah sehr alt und müde aus. Es wäre mir recht, ins Altersheim zu gehen, wiederholte sie öfters. Else begann, sich umzusehen.

Immer noch kamen Elses Sommergäste. Dann waren die Sorgen schnell vergessen, und alles war wie früher. Idyllisch.

Der kleine, heftig gestikulierende Journalist K. saß

ganz vorn auf der Bank, damit seine Füße gerade noch den Boden erreichen. Madame V., die schöne Rumänin mit der stolzen Kopfhaltung, trug den ganzen Sommer über, auch bei großer Hitze, feine, langärmelige Seidenblusen mit opulenten Blumenmustern. Madame V. sei Morphinistin, erklärte Else (Toleranz war in der Donaumonarchie und für Else selbstverständlich, vorausgesetzt, die Menschen bewahrten Haltung), daher die langen Ärmel. Madame V. war hochelegant, selbstsicher, ihr prachtvolles Profil und der tiefschwarze Haarknoten, der an eine Spanierin erinnerte, beeindruckten Milchen sehr. Tonia N. kam, die Schwester des jungen Dorfarztes, von dem geflüstert wurde, er unterhalte eine »Liaison« mit einer bildschönen Zigeunerin, Madame B., in Luzern. (Später hat Milchen Madame B. einmal in der Stadt gesehen, Else sagte nur, schau Milchen, dort geht die B. Sie sah aus wie eine Skulptur in steingrauer Seide, den Torso herausmodelliert von einem erstklassigen Schneider, ihre Haut war olivenfarbig und ihre Frisur glich genau derjenigen der schönen Rumänin. Und sie hatte den Gang einer Königin oder eines sehr starken Tiers. Milchen hatte sich eine Zigeunerin anders vorgestellt und beeilte sich, den Irrtum zu korrigieren.)

Else war mit der Arztfamilie eng befreundet. Tonia hatte in Sorrent beim russischen Schriftsteller Maxim Gorki die Stellung einer Sekretärin bekleidet und behauptete, man hätte ihn dort mit einer vergifteten Tapete umzubringen versucht. Else meinte, das sei durchaus möglich. Man trank Tee und unterhielt sich auf Französisch, da Madame V. kein Deutsch sprach.

Madame V., sagte Else, sei »Esoterikerin«. Das war

damals in den europäischen »Salons« große Mode. Madame V. erklärte, ihr Volk habe divinatorische Fähigkeiten. Else sei »un personnage pouchkinien«, eine dieser Frauenfiguren aus Puschkins Romanen, kühn und zurückhaltend, eine dieser selbstlos Liebenden wie die »Hauptmannstochter«, die alles zu gewinnen und alles zu verlieren imstande seien! Madame V. war fest überzeugt davon, daß Else »in einer früheren Existenz« in Rußland gelebt hatte. Ach, seufzte Else nur und lächelte: Könnte es denn nicht möglich sein, daß jemand gleichzeitig alles gewinne und alles verliere? Und so kam man vom Hundertsten ins Tausendste.

Vielleicht fand Else in der Küche noch ein Ei, einen Rest Brot, eine Tasse Milch, einen Löffel Fett, aus denen sie für ihre Gäste zum Tee ein paar Eierschnitten buk, die sie mit Zucker bestreute.

Diese wenig konformistischen Nachmittage, sommers über wenn immer möglich draußen im Park (man stelle sich den Gesang der Vögel vor), waren ungeheuer anregend. Manchmal kam der alte Herr S. dazu, ein norddeutscher Jude, der täglich am Schlößchen vorbei spazierte. Er lebte im Nachbardorf und hatte Besitzungen in Deutschland, die er jedes Jahr einmal aufsuchte. Else mochte den kultivierten alten Herrn sehr gern. Im frühen Frühling Sechsunddreißig riet sie ihm davon ab, nach Deutschland zu gehen. »Dieser Wahnsinnige«, dieser Hitler, sagte Else, gewinne immer mehr Macht. Es sei für Herrn S. zu gefährlich geworden. Sie fürchtete, daß er nicht mehr zurückkomme. Er wollte das nicht wahrhaben. Man wartete wochenlang vergeblich auf ihn. Man hat nie mehr von ihm gehört.

Jeden Sommer kam Fürst Yonin, ein Cousin von Sergej, Elses russischem Schwager. Seinen großen, lackschwarzen Citroën, einen Sechsplätzer, parkte er im Kies vor dem Haus. Seine Ankunft kündigte er jeweils ein paar Tage vorher aus Italien an. Yonin kommt! sagte Else dann strahlend. Yonin und seine Frau Myriam, eine brasilianische Jüdin, lebten als russische Emigranten in Paris, in der Nähe des Bois de Boulogne. Beide waren wunderschöne, vornehme Menschen voll unbezähmbarer Vitalität. Myriam hatte sich vom Haute-Couture-Haus Molyneux anstellen lassen, um mit ihren wahrhaft großfürstlichen Allüren reiche Amerikanerinnen zum Kauf teurer Kleider zu inspirieren. Als Yonin seine Tätigkeit als Reiseführer aufnahm, erübrigte sich dies. Ich arbeite sechs Monate im Jahr, erzählte Yonin lachend, die andern sechs Monate tue ich nichts. Meine Frau und ich leben davon in Paris. Ich gehe im Bois de Boulogne spazieren. Stundenlang. Das ist sehr schön. Als Russe brauche ich den Wald! Nie könnte er in einem Büro arbeiten, sagte Yonin, und seine Augen blitzten dabei vor Lebensfreude. Eher, wenn es denn sein müßte, könnte er Holzhacker sein! Dann lachte er laut auf. Es mußte nicht sein. Yonin war ein eleganter Weißrusse, sehr groß, sehr schlank, sehr weltmännisch, sehr beweglich und irgendwie sehr leichtsinnig. Un homme à femmes, sagte Else und lachte. Else und Yonin sprachen Russisch, und es klang wie eine wunderbare Melodie. Sie sprachen auch Hochdeutsch, Französisch und Russisch durcheinander und waren sehr glücklich. Keinen Hauch von Nostalgie gab es, kein Tremolo. Da begriff Milchen, daß Elses Rußland kein Märchen, sondern strahlende Wirklichkeit war. Rußland war da, hier und jetzt.

Sie sprachen von Josefine, von Sergej und seinen Brüdern Boris (was sich wie »Bariss« anhörte) und Kola. Von der Schwiegermama und deren Begeisterung für edle Pferde, die sie auf Grund »ihrer schönen Augen« einkaufte, und von ihrer Vorliebe für teure Hüte, die sie aus Paris kommen ließ. Die Hutschachteln verstaute sie unter ihrem Bett. Wenn der Gutsverwalter ihr Vorwürfe wegen ihrer Verschwendungssucht zu machen wagte, weinte sie. Ich bin ganz ohne Geld, klagte sie dem orthodoxen Patriarchen, dessen Besuch die unausgesprochene Bitte um Geld enthielt, und ließ mit unnachahmlicher Geste einen wertvollen Rubinring in die Teetasse des hohen Würdenträgers fallen. Dieser, ganz kohärent, sagte »Ich danke, Hoheit« und trank die Tasse in einem Zug leer. Womit er Schwiegermamas höchstes Maß an Entzücken auslöste. C'est si russe! schwärmte sie. Wie er das nur fertigbrachte? mutmaßten Else und Yonin und kamen zum Schluß, daß er den Ring wahrscheinlich in seiner Backentasche deponiert hatte.

Yonin hatte Else aus Italien zwei zartrosa Pfirsiche von nie gesehener Größe und Schönheit mitgebracht. Sie schmolzen auf der Zunge nur so dahin... Märchenhaft. Russisch!

Die Art, wie Yonin seinen dunklen Anzug trug. Sein Lachen. Die lebhaften Gesten seiner Hände, deren Finger während seiner Inhaftierung in der Peter-und-Paul-Festung in Sankt Petersburg von den Ratten angenagt worden waren. Heute noch konnte man die auffallend dünnen vorderen Fingerglieder sehen. Auf einem Lager aus Stroh hatte Yonin gelegen. Dann war es ihm geglückt, die Gitterstäbe seiner Zelle herauszubrechen und aus dem Fenster zu fliehen. Er stürzte vier Meter tief hinunter, ein Holunderstrauch fing ihn auf, und in der Heufuhre eines Bauern versteckt, gelang ihm die Flucht. Darum bin ich hier, lächelte er. Auch Emil und Yonin verstanden sich gut. Vielleicht war es die Kühnheit ihrer Gedanken, die sie verband.

Den filmwürdigen Citroën hatten ihm zwei reiche Hawaiianerinnen geschenkt, die er durch Europa führte. Damit, Fürst, sagten diese Damen, werden Sie auf angenehme Weise Ihren Lebensunterhalt verdienen. Sie werden amerikanischen Millionärinnen Europa zeigen, und wenn Sie Ihre Klientinnen an all die Fürstenhöfe Europas bringen, mit deren Söhnen Sie seit Ihren Internatsjahren befreundet sind, dann werden die Trinkgelder reichlicher sein als Ihr Honorar. Mit ein paar Monaten Reisetätigkeit im Jahr werden Sie fürstlich leben können! Und so war es denn auch. Ihren Lebensabend verbrachten Yonin und Myriam in ihrer eigenen Villa an der Côte d'Azur, ganz im alten Stil.

C'est si russe! sagte Else.

Wenn Yonin Else besuchte, um von Rußland sprechen zu können, ließ er »seine« Amerikanerinnen in einem der feinen Luzerner Hotels, im »Schweizerhof« oder im »National« zurück. Dann hatte er seinen freien Nachmittag. Für die Küchen der gleichen Häuser verzinnte Emil nach seinem »Ruin« Kupferpfannen, die er persönlich holte und nach ein paar Tagen wieder ablieferte. Dazu benützte er, im Unterschied zu Yonin, den Lieferanteneingang. Selbstverständlich scherte er sich einen Deut darum.

Endlich konnte die mittlere Etage des Schlößchens als »herrschaftliche Wohnung« zu einem angemessenen Preis vermietet werden. Der Wiener Flügel war vom Porzellanzimmer hinauf in den Saal geschleppt worden und stand jetzt unter dem Gemälde der »Aurora«. Zwischen jedem Fenster wurde einer dieser zart blaugrau bezogenen Louis-Philippe-Fauteuils aus dem Tirol plaziert. Else weihte die neue Möblierung ganz spontan mit dem »Forellenquintett« ein, und man stellte freudig fest, daß die Akustik hervorragend war. Elsele und Milchen übersiedelten vom Papageien-Zimmer ins »Wüstenzimmer« im Parterre, um den neuen Mietern Platz zu machen.

Die Dame, die mit ihrem Gemahl einzog, spezialisierte sich von allem Anfang an auf das Polieren der barocken Eichentreppe, die bisher, zugegeben, mehr Bausand als Bodenwichse gesehen hatte. Der privilegierte Gatte, ein Handlungsreisender, mußte das glitzernde Resultat jeden Abend, wenn er heimkam, gebührend loben und bewundern. Herr und Frau H. waren überzeugt davon, daß sie Emil und Else einen unschätzbaren Dienst erwiesen. Daß Emil und Else, ganz speziell natürlich Else, ihnen zu tiefstem Dank verpflichtet sein müßten. Tagelang konnte sich Frau H. hingebungsvoll dem Reinigen der alten Parkettböden widmen (die wirklich sehr schön waren). Mit Stahlspänen den Dreck abkratzen. Dann mit Bohnerwachs darüber. Dann blochen. Man kannte diese Frau H. eigentlich nur mit verschwitztem, hochrotem Gesicht, ein Kopftuch zum Turban geschlungen und über der Stirn geknüpft, schuftend und spänend und blochend und abends den bewundernden

Geschäftsreisenden empfangend. Er war genauso gepflegt wie die Parkettböden und die blitzblanke Küche der Frau H. (Emils tadellose Installationen!). Zwei Dinge erfüllten Frau H. mit tiefem Stolz. Erstens, daß sie ein »Schloß« bewohnte, und zweitens, daß ihr Gatte, wie sie jedermann wissen ließ, »seiner Körperpflege jeden Morgen im Badezimmer eine volle Stunde« widmete. Tatsächlich duftete er wie ein ganzer Coiffeurladen. Die H.'s blieben dem Schlößchen nicht sehr lange erhalten, weil Else und Emil schließlich nicht ewig Lobgesänge auf glitzerndes Parkett anstimmen mochten. Man mußte neidlos zugeben, daß dieses noch nie so geglänzt hatte. Aber so wichtig war das denn auch wieder nicht.

Die darauf folgenden Mieter waren reizende Menschen, ein junges Paar mit ihrer alten Mutter, die sich im Schlößchen wohl fühlten. Sie blieben bis zuletzt darin wohnen. Bis ganz zuletzt. Bis auch die Iten ausziehen mußten.

Jetzt, sagten die Neider, *jetzt muß der Kupferschmied Iten vom hohen Roß herunter!* Der hatte es eben immer zu hoch im Kopf! Man hatte es ja gewußt. Der hatte gemeint, er könne die Welt umkehren. Und dann hatte er erst noch eine »Schwäbin« geheiratet! Das räche sich halt. Daran müsse der Kupferschmied Iten jetzt halt »kaputt« gehen, sagten die Klugscheißer.

Nach ihrer Ansicht, meinte Else, sei Schadenfreude nicht die reinste Freude.

Und... Als die Gefährtin ihrer langen Schulwege, nachdem das übliche Schulmädchengeplauder und das

Adieu-Sagen in schöner Eintracht stattgefunden hatten, ihr beim Tor vor dem Schlößchen plötzlich noch mit hämischem Lächeln nachrief, *Ich hab's dann gelesen!* da staunte Milchen einen kurzen Augenblick und sagte sich, ach, Emil steht im Amtsblatt! das wußte ich gar nicht! und dann waren die Gefährtin und die ganze Menschheit für sie erledigt, und sie sah klar. Und verstand Emil in ihrem tiefsten Innern.

Beinahe hätte man das Ruder noch herumreißen können! Beinahe. Ein schwerreicher Käufer für das Schlößchen hatte sich gefunden. Einem deutschen Millionär (so hieß es), der mit seiner Frau eine Villa am Stadtrand bewohnte, hatte das liebliche Schlößchen im großen Park den Atem verschlagen. Der Kaufpreis: eine Million Schweizer Franken. Eine Million haben oder nicht haben macht einen großen Unterschied. Emil würde sich sanieren. Er würde alle Wechsel, Hypothekarzinsen, Rechnungen, Schuldbriefe bezahlen können. Die Lösung seiner finanziellen Probleme, so unglaublich sich das anhört, war in Sicht! Er würde sich »rehabilitieren«! (Wieder so ein Faden, an dem alles hing.) Man war handelseinig, der Kauf schien perfekt. Bis der Dorfpfarrer zusammen mit dem »KK-Gemeindepräsidenten« (dem Katholisch-Konservativen, den wir im Zusammenhang mit Elses Französisch-Stunden kennen) den Verkauf »auf höchster Gemeinde-Ebene« hintertrieben. Denn Herr S., der Millionär, war Atheist, so hatte man herausgefunden. So einen wollte man keinesfalls in der Gemeinde haben! Ob man auch dem Iten die »Rettung« nicht gönnen mochte, steht auf einem andern Blatt.

Jedenfalls war R., der Gemeindepräsident, derjenige, der den Zuschlag erhielt, als das Schlößchen versteigert wurde. Das Haus wechselte später noch mehrmals die Hand. Ob es R. war, der die Flachmaler beauftragte, Elses Rubens-Kopien mit den unbekleideten Frauenfiguren zu übermalen, damit die Wohnungen »normalen« Mietern wieder zumutbar waren, ist nicht sicher belegt. Nur die Schäferszene »Junger Hirte mit Hirtin« (bekleidet!) von François Boucher (1764) unter dem Dachgiebel an der Fassade spricht heute noch von Elses Talent.

Emil sah sich veranlaßt, die Liste seiner »Todfeinde« um zwei Namen zu verlängern.

Noch aber waren die neuen Schlößchenbesitzer nicht restlos glücklich. Eine von Emil und Else später dazu gekaufte Parzelle war schuldenfrei, das heißt, rechtlich gehörte sie Elses Bruder. Ein Stück des Parks, auf dem die Garage und der Weiher lagen, war demzufolge nicht Teil der Versteigerungsmasse. Und doch war dieser Streifen Land nahtlos in das Schlößchen-Grundstück integriert, das von einer schwungvollen Grünhecke eingefaßt war. Zum Verdruß der neuen »Schloßherren« wird sich Emil auf diesem Streifen Land (den er mit ein paar Holzpfosten und einem ganz gewöhnlichen Draht vom Schlößchen-Besitz abtrennt) einen kleineren Werkplatz einrichten und die neue Garage zur »Bude« umfunktionieren. Er wird dort Pfannen verzinnen und einen der Luftdruckhämmer aus dem Betrieb in Emmenbrücke montieren. Und jedes Mal, wenn er sieht (und er sieht gut, denn seine Bude liegt nah beim Schlößcheneingang, und infolgedessen ist auch er von der Gegenseite nicht zu übersehen), daß die Liegenschaft einem potentiellen Käufer vorgeführt wird, läßt er den Luftdruckhammer laufen. Vor der Bude hat er seine Richtplatte und den Amboß plaziert, darauf hämmert er herum, daß es eine Freude ist. Natürlich wird der potentielle Käufer fragen: Und was ist denn das dort drüben? Und er wird zur Antwort bekommen, ach, das ist nur der frühere Besitzer, ein Kupferschmied, der hier noch ein wenig arbeitet. Wir sind in Verhandlung für den Kauf der Parzelle, eine reine Formsache. Es ist nur noch eine Frage der Zeit. Natürlich hat Emil viel Zeit. Und der potentielle Käufer wird sich alles nochmals überlegen.

Doch wir sind noch nicht ganz so weit.

Zweimal im Jahr reiste Else nach Hause, ägyptische Zigaretten für den Papa im Koffer zwischen der Wäsche versteckt. Ohne Zigaretten brauche sie gar nicht zu kommen, sagte sie. Der Papa war ein leidenschaftlicher Raucher einer bestimmten Orientmarke, die nur in der Schweiz erhältlich war. Einmal flog der Schmuggel auf, als die Zollbeamten den ganzen Koffer durchwühlten. Else mußte eine ziemlich hohe Buße bezahlen und die Zigaretten zurücklassen.

Im Jahr Zweiunddreißig fühlte der Rechtsanwalt Albert C., daß er sterben müßte. Er ließ Else wissen, daß er sie noch einmal sehen möchte. Sie packte ihren Koffer voll Zigaretten und reiste. Sie traf ihren alten Papa sehr geschwächt, sehr glücklich, Else zu sehen. Die ägyptischen Zigaretten interessierten ihn nicht mehr. Else blieb bei ihm, und ein paar Tage später starb er.

Else kam zurück. Sie erzählte Emil und den Kindern von Albert. Von all ihren Erinnerungen. Von Tscheggele, die ihren Albert übrigens nicht lange überleben sollte. Von den Geschwistern, die alle da waren für diesen österreichischen Abschied. Wie sie alle miteinander die untröstliche Tscheggele trösteten.

Daß ihr Erbe vollkommen wertlos geworden war, kümmerte sie wenig, denn von Geld hatte Else nie viel gehalten. Sie hielt ein loses Büschel dieser großen, zart ockerrosa Tausend-Kronen-Banknoten mit dem Bildnis des Kaisers Franz Joseph in Händen. Milchen durfte sich eine von ganz nah ansehen. Schön war sie. Und dann warf Else das ganze Büschel hoch in die Luft. Wie tote Schmetterlinge flatterten die Geldscheine zu Boden. Sieh, sagte Else, so ein Tausender ist heute gerade noch dreißig Rappen wert! So sind die Reichtümer dieser Welt beschaffen! Und sie zuckte nur mit den Achseln.

Die fluchtgewohnte Else ging daran, ein den veränderten Verhältnissen angepaßtes Terrain vorzubereiten. Wir sind im Jahr Sechsunddreißig.

Immer noch konnte Else auf einflußreiche Freunde zählen. Sie fand einen Freiplatz für Elsele in einem katholischen (!) Institut am Vierwaldstättersee. Dort besuchte Elsele die Handelsschule. (Ganz in der Nähe des Instituts hatte der russische Komponist Sergej Rachmaninow seine Villa gebaut, und die Klosterschwestern baten Else, sich bei ihm in russischer Sprache für eventuelle Störungen durch dilettantisches Klavierüben der Schülerinnen zu entschuldigen. Rachmaninow lächelte und meinte, es wäre sehr liebenswürdig von den Schwestern, wenn sie vielleicht einfach die Fenster schließen würden!)

Lina packte ihre frisch duftende Wäsche zusammen, nahm die großen Portrait-Bilder von sich und ihrem verstorbenen Mann sowie ihre kostbare Bronze-Uhr unter dem Glassturz mit und ging ins Altersheim. Emil und Else begleiteten sie.

In jenem Augenblick der Geschichte zeigten Linas und Emils Gesichtszüge den gleichen Ausdruck von Hoffnungslosigkeit und tiefer Resignation. Die plötzliche Ähnlichkeit war schockierend. Sogar dieselbe Hautfarbe hatten sie. Rötliche Äderchen überzogen ihre Gesichter und drangen bis ins Weiße ihrer Augen vor. Bei Emil wohl durch die Hitze des Feuers und seines Temperaments hervorgerufen, bei Lina vielleicht durch eine jahrelange innere Wut oder Verzweiflung. Nie hatten sie sich ähnlicher gesehen.

Die Wissenschaft von der modernen Chaostheorie hält es für möglich, daß der Flügelschlag eines Schmetterlings in Brasilien imstande sei, auf der andern Seite der Erdkugel einen Weltkrieg auszulösen. So feinstofflich seien die kosmischen Sensorien. Was das Rudern von Linas Armen für Folgen haben konnte, ist nicht auszudenken.

Der Phlox blühte in den Rabatten, halb verwildert zwischen dürren Gräsern und einsamen Löwenmäulchen, die sich selber versamt hatten. Die letzte Generation Phlox. Die letzte Generation Löwenmäulchen. Die letzten Versamungen. Unter dem alten Nußbaum, dort, wo Milchen der Sekundarlehrerstochter vom Prinzen Iwan erzählt hatte, vermoderten die dunklen Gartenwege, verschwand der Kies unter Moos und altem Laub. Immer noch blühte der weiße Flieder, auch der lilafarbene und der dunkelviolette Flieder blühten. Immer noch, unberührt von menschlichem Verhängnis, flötete die immer gleiche Amsel ihr betörendes Lied auf dem immer gleichen Wipfel.

Während der große Möbelwagen der Firma Gmür beim Schlößchen vorfuhr, während der in Wolldecken eingeschlagene Wiener Flügel von drei kräftigen Männern an breiten Gurten in die mächtige Öffnung des leeren Wagens gehievt wurde, während Milchen ungläubig zuschaute, wie Betten, Kommoden und die zart graublauen Louis-Philippe-Fauteuils aus dem Tirol nach und nach im Wageninnern verschwanden, löste Emil Emmenbrücke auf.

Emil, letzter Überlebender in der Kupferschmiede. Einsamkeit umfing ihn. Fort waren die Vorarbeiter, die Gesellen, die Lehrlinge. Die Hämmer standen still. Das Kupferlager, einst Emils unangefochtener Wert, sein Gleichnis für die Gesetze des Kosmos, war nur noch ein sinnentleerter Blechhaufen.

Die Dreizimmerwohnung mit Alkoven in der Stadt kam Milchen eng vor. Nachts träumte sie vom grünen Gras und von den dunklen Bäumen des Schlößchens. Der Wiener Flügel und die Möbel aus dem Tirol verliehen der Stadtwohnung einen Hauch von herrschaftlichem Flair. Else hatte die Mullvorhänge aus dem Schlößchen vor die Fenster gehängt, und an diesen lieben bekannten Dingen konnte man sich noch einigermaßen orientieren. Der Flügel allerdings blieb vorderhand stumm. Milchen hätte nichts gegen eine Chopin- oder Schubert-Improvisation gehabt. Von einem Walzer der Strauß-Familie ganz zu schweigen.

Elsele war im Institut. Milchen war hier, in der Dreizimmerwohnung mit Alkoven, mitten drin in der Bredouille. Emil ächzte und stöhnte. Wie ein gefangener Löwe im Käfig kam er Milchen vor. Mit langen Schritten durchmaß er die Wohnung, von Wand zu Wand, manchmal stieß er an beim Wenden, hin und her, hin und her, stumm, melancholisch, hoffnungslos. Dann wieder blieb er stehen, blickte ins Leere und brach von neuem auf. Von Wand zu Wand, tagelang. Else, schrie er, wir müssen Beschwerde einreichen! Ich werde vor Gericht gehen! Hast du den Expreß-Brief an die Alkoholverwaltung spediert? Aber »Chargé« bitte! Beeile dich! Ich werde persönlich nach Bern hinauf fahren, die Faust auf den Tisch schlagen, das werde ich! Emil war abgemagert, vom Schmerz gezeichnet. Else beruhigte, schrieb seine beleidigenden Drohbriefe in die Maschine, wobei sie die schlimmsten Pöbeleien ausließ. Es bringt nichts, die Leute anzuschreien, sagte sie. Dann setzte sich Emil selber an Elses Underwood-Schreibmaschine und schrieb mit einem einzigen Zeigefinger seine »scharfen« Briefe.

Elsele also war im Institut, Milchen war hier. Als Elsele geboren wurde, so wußte man von Else, da hätte die Hebamme in der Sankt-Anna-Klinik gejodelt, um die junge Frau von ihren Schmerzen abzulenken. Das hatte die Geburt dermaßen erleichtert, sagte Else, daß das Kind lachend und mit allen guten Voraussetzungen ins

Leben kam! Blühenden Zeiten gingen Emil und Else damals entgegen. Ganz anders, zweieinhalb Jahre später, als Emilia Albertina zur Welt kam. Man war kaum ins Schlößchen eingezogen, als sich schon die ersten existenziellen Schatten über der Familie des Kupferschmieds ausbreiteten. Bei Milchens Geburt jodelte keine Hebamme. Und dies war sicher nicht der einzige Grund, daß die Geburt schwerer war. Das Kind war verträumter als Elsele, dunkler, weniger draufgängerisch. War Milchen, wie Aschenputtel, die zweite Königstochter, die Nächte lang die guten und die schlechten Erbsen sortieren mußte, während die Erstgeborene lachend zum Ball ging? War sie die verborgene Heldin, die, wie im Märchen, Dunkelheiten durchschreiten – oder einfach zerreißen mußte?

Ach, sagte sich Milchen, wäre doch Elsele hier! Sie könnte mir sicher sagen, was diese Dinge bedeuten: Konkurs. Nachlaßvertrag. Gläubigerversammlung. Ständig sprachen Emil und Else von nichts anderem.

Der einzige Halt war Else. Nur einmal, als Milchen neben ihr die Pilatusstraße hinunterging, sie kamen gerade vom erfolglosen Vorsprechen bei einer Bankfiliale, und Milchen machte Else auf die hübschen, neu gepflanzten Alleebäumchen aufmerksam, da bekam sie keine Antwort. Milchen sah zu Else hinauf und gleich wieder weg. Else hatte sie nicht gehört. Starr blickte sie geradeaus, unaufhaltsam, so schien es Milchen, tropften große Tränen aus ihren Augen hinunter auf die Straße, während sie hoch aufgerichtet weiterging. Also auch Else! Ungeheuerlich.

Die Situation war sehr unübersichtlich. (Milchen sortierte geduldig ihre Erbsen. Eine Sisyphusarbeit.) War es noch im Schlößchen oder schon in der Stadt gewesen, daß Emil und Else ihre dunklen Sonntagskleider angezogen und »nach Bern hinauf« gefahren waren? Jedenfalls hatten sie einen »Termin« bei der Alkoholverwaltung. Emil kam mit tragischem Gesicht, aber hochbefriedigt zurück. Diesen »Herren« hab ich gezeigt, Milchen, was ein Kupferschmied ist! rief er. Ganz bleich waren sie! Die Faust hab ich auf den Tisch gehauen, daß die Fensterscheiben dort oben im Bundeshaus zitterten! Wir Kupferschmiede müßten uns halt umstellen, sagten diese Halunken. Auf kupferne Waschhäfen zum Beispiel! Jämmerliche Entschädigungen schlugen sie vor. Und das wagen sie mir zu sagen, mir, dem landesweit bekannten Spezialisten für moderne fahrbare Brennereien! Aber die verhöhnen mich nicht! Der Iten aus Oberägeri wird keine Waschhäfen herstellen! habe ich gesagt. Ich bin ein freier Schweizer, falls die noch wissen, was das ist. Von den Herren in Bern lasse ich mir nichts vorschreiben!

Emil müsse mit einer Strafklage wegen Beamtenbeleidigung rechnen, meinte Else. Das würde ihn nur freuen, frohlockte er. Die Leute von Morgarten hätten noch keinen Kampf mit der Obrigkeit gescheut! Ich verlange Schadenersatz von Bern! brüllte Emil.

Der Prozeß mit dem Bund ging bis vor das Bundesgericht und dauerte mehrere Jahre. Mit den Prozeßakten konnte Emil ungezählte Ordner füllen. Wie vorauszusehen, saß Emil am kürzeren Hebel und verlor den Prozeß.

Emil haderte mit dem Unrecht, das der Bund ihm angetan hatte. J'accuse! rief er. Ich klage an! Mein Fall ist genau wie die Affäre Dreyfus! Ich muß rehabilitiert werden!

Monatelang studierte Emil seine Prozeßakten, dann füllte er die Ordner in große Jutesäcke, die er im Alkoven der Dreizimmerwohnung deponierte. Es war ein beeindruckendes Warenlager von Jutesäcken zwischen Kupferkesseln und -kübeln und allerhand Werkzeug. Man wußte, was sich dort drin befand, aber man öffnete die Tür so wenig wie möglich. Es war Emils Reich.

Wieder zogen Emil und Else ihre dunklen Kleider an und gingen zur »Gläubigerversammlung«. Nachdem alle Güter Emils liquidiert, wörtlich: verflüssigt worden waren, hatte man die Gesamtsumme aus der sogenannten »Konkursmasse«. Die Gläubiger mußten ihre Ansprüche einbringen. An erster Stelle kamen die Lohnguthaben der Arbeiter, sagte Else, und Milchen fand es sehr gut, daß zuallererst Emils Kupferschmiede berücksichtigt wurden. Prozentual wurden dann weitere Ansprüche vergütet, so weit das Geld reichte. Der zahlungsunfähige Emil mußte vor die Gläubiger treten, begleitet von der treuen Else, der »Prokuristin«. Das Ausmaß der Demütigung ist sichtbar. Und doch erlebte Emil hier seine einzige Genugtuung: Die Gläubiger, die Emils tiefes Gefühl für Gerechtigkeit und seine berufliche Tüchtigkeit kannten, und die vielleicht auch von seinem Schicksal berührt waren, stimmten alle einem Nachlaßvertrag zu. Ein Vergleich wurde erarbeitet, und von einem Konkursverfahren konnte abgesehen werden. Emil hatte alles verloren, nicht aber seine Ehre.

In dunklem Anzug und Hut spazierte Emil in der Stadt herum und schwang seinen Spazierstock. Ich bin jetzt »Privatier«, spöttelte er. Natürlich war er todunglücklich. Eine gutbezahlte Stellung als Werkmeister in einer Metallwarenfabrik lehnte er ab. Nie werde er als Angestellter arbeiten! Als freier Kupferschmied sei er geboren, und als freier Kupferschmied werde er sterben. Mit fünfundfünfzig hatte er einen leichten Schlaganfall. Vor lauter Kummer. Ein paar Tage lang war seine linke Gesichtshälfte gelähmt, und er konnte nicht mehr gut sprechen. Er sah jämmerlich aus. Dann ging die Lähmung vorbei, aber Emil war endgültig alt geworden. Wir wissen, daß Emil ohne Kupfer nicht leben konnte, und so war der Zeitpunkt gekommen, mit Hämmern, Amboß, Richtplatte und einem Karren voll Werkzeug auf die Parzelle beim Schlößchen zu ziehen, um sich in der Garage eine kleine Werkstatt und davor einen Werkplatz einzurichten. Zum Verdruß der neuen »Schloßherren«.

Emils Sinn für Dramaturgie war beeindruckend. Er plazierte Richtplatte, Amboß und Esse als Bühnenbild. Den Weg zum Schlößchen hinüber verbarrikadierte er mit Käskessiringen (wichtig: der Durchblick!) sowie einem intakten und einem geborstenen Grabstein aus grau-weißem Marmor mit verwitterter Schrift. Weiß Gott, wo er die her hatte. Auf ihre Bedeutung durfte sich jeder seinen eigenen Reim machen. Über dem Garagentor montierte er die Firmatafel. In der Bude verzinnte er Kasserollen aus den Luzerner Hotelküchen. Mit alter Sorgfalt, in alter Perfektion. Pauschal gesehen war er wieder dort angelangt, wo er als Bub angefangen hatte...

Sein Publikum waren die Kinder. Die Söhnchen und Töchterchen der Nachbarn liefen ihm zu. Was für ein wundersamer Wirrwarr aus Pfannen, Feuerchen, Hämmern und Hämmerchen, Zangen und Schrauben und Kupfer! Wie rot die Kohle glühte, und wie heiß die Luft darüber zitterte, wenn der alte Kupferschmied die Esse antrieb! Wie hell das flüssige Zinn über die Pfanneninnenwände rann, und wie knisternd es zischte! Wie schwarz der Kupferschmied war, und wie schallend er lachte! Er kannte die Namen der Singvögel und der Bäume. Er zeigte dem Kleinsten, wie man den Hammer hält. Schau Büblein, fest im Griff mußt du ihn halten, sagte er zum Winzling und schloß die kleine Faust um das Holz. Nur den Takt mußt du angeben, den ersten Takt. Dann hämmert der Hammer ganz von selber weiter. Hör den Klang, den hellen!

Ihre Underwood-Schreibmaschine sei jetzt der »Brotkorb der Familie«, sagte Else. So sehr Milchen Else liebte, hatte sie doch noch nie einen so hinkenden Vergleich gehört. Else schickte ihre Artikel und Kurzgeschichten an Zeitungsredaktionen, immer mit Rückporto »für unverlangte Manuskripte«. Wenn die Artikel angenommen wurden, gab es Jubel. Else verfaßte Texte über moderne Ernährung; soeben hatte man Vitamine und Kohlehydrate entdeckt. Sie übersetzte Kurzgeschichten aus dem Englischen, Italienischen und Russischen. Sie schrieb über Kindererziehung und Geschichten für Kinder. Sie publizierte ihre Arbeiten »als Erstdruck«, das bedeutete ein relativ anständiges Honorar, und später wenn möglich noch in kleineren Gazetten als »Zweitdruck« gegen ziemlich lausige Bezahlung. Es herrschten nicht gerade die besten Zeiten für den Beginn einer neuen Karriere. Die Wirtschaft lag am Boden, und die Zeitungen bezahlten lächerliche Zeilenhonorare.

Else überlebte mit Lokaljournalismus. Sie berichtete über die Eröffnung von Cafés, Modehäusern und vom »Dienstagmarkt«, einer wöchentlichen Rubrik, die sie jedes Mal mit einem saisongerechten Rezept anreicherte. Da hatte sie einiges zu bieten: Russische Ente, österreichische Marillenknödel, französische Kürbiscremesuppe, ungarische Palatschinken. In der eigenen Küche jedoch war Schmalhans Küchenmeister.

Elses Fortsetzungsroman »Um russisches Erbe« erschien im Feuilletonteil und sollte gar verfilmt werden. Der zuständige Produzent aber erkrankte an Kinderlähmung, das Projekt versandete. Ihre »Russischen Novellen« wurden in loser Folge von einer der großen Schweizer Zeitungen publiziert; Else plante, diese Erzählungen später einmal gesammelt als Buch herauszugeben. Doch im täglichen Überlebenskampf unterblieb das Sammeln, man »lebte von der Hand in den Mund«, und die »Russischen Novellen« gingen vergessen.

Das Tollste in jenen Jahren bestand in Elses Auftrag für Filmrezensionen. Jede Rezension brachte ihr genau Fr. 4.50 ein, aber nicht dies war das Tolle daran. Es war die große Zeit Hollywoods, der bedeutenden Filme, der glänzenden Stars. Elsele war aus dem Institut zurück, war über sechzehn und durfte mit Else gratis ins Kino. Hingerissen waren Else und Elsele von diesen Filmpremieren und Milchen, die für den Kinobesuch zu jung war, beneidete sie glühend. Eine Wunderwelt mußte es sein! Von einem Film zum andern gingen die beiden wie im Traum! Und sie erzählten! Von Wallace Beery in »Meuterei auf der Bounty«! Von Gary Cooper in »High Noon«! Von Mickey Rooney in »Sommernachtstraum«! Von Greta Garbo in »Anna Karenina«! Von Humphrey Bogart und Lauren Bacall, von Spencer Tracy und Katherine Hepburn, von Edward G. Robinson, Bette Davis... Man hatte den Eindruck, diese einzigartigen Schauspieler seien Else und Elseles persönliche Freunde, so gut kannten sie sie. Milchens erstes Kinoerlebnis waren die Operettenkönige Nelson Eddie und Jeannette Macdonald in »Tarantella« (Else erklärte den Film als »jugendfrei« ...), einem wilden sizilianischen Musical, aus welchem Milchen wie betrunken vor Glück herauskam. Else und Elsele aber lächelten nur und sagten, das sei nun nicht gerade ein bedeutender Film. Wie wunderbar mußte erst ein bedeutender sein!

Einmal überredete Else auch Emil, ins Kino mitzukommen. Den Film »Wuthering Heights« (»Stürmische Höhen«) mit Merle Oberon und Laurence Olivier mußte er gesehen haben. Der Roman von Emily Brontë, der dem Film zu Grunde lag, erinnerte sie an ihr und Emils eigenes Schicksal. Emil war tief beeindruckt, vor allem von der schönen, zarten Merle Oberon, die, so fand er, genau wie Else war...

Es waren die Filme, die überleben halfen. Bekanntlich lebt der Mensch nicht vom Brot allein.

Hier müßte vom Krieg die Rede sein, vom Buch »Mein Kampf«, das sich Else erstand und mit Entsetzen las, vom Radioapparat, den sie auf Raten kaufte, um alle Nachrichten, vor allem auch die der BBC, zu hören, um Hitlers Ansprachen mit eigenen Ohren zu vernehmen, um stundenlang neben diesem tönenden, kleinen, stoffbespannten Möbelstück auszuharren, das nichts anderes als Schreckensnachrichten zu verbreiten vermochte, weil ein Wahnsinniger in Europa die Macht an sich gerissen hatte. Dies sei ihm gelungen, sagte Else, weil viele Menschen ohne Arbeit waren und weil die schwere Wirtschaftskrise die Menschen unsicher und mißgünstig und für die unsinnigsten Versprechungen und Hetzereien empfänglich gemacht habe. Für Milchen vermischte sich die Atmosphäre allgemeiner Depression mit der persönlichen ihrer Familie. Else suchte Stoffe für die »Verdunkelung« zusammen, die obligatorisch war, kein Lichtstreifen durfte nach draußen schimmern. Nachts hörte man schwere Bombenflugzeuge den Schweizer Luftraum überfliegen. Es gab Rationierungsmarken für Lebensmittel (die bei Else ohnehin knapp waren...). In der Schule wurde Milchen angehalten, Soldatensocken zu stricken, und ihre liebsten Freundinnen waren Jüdinnen. Ihnen fühlte sie sich sonderbar verwandt, vielleicht aus einem dumpfen Gefühl der »Ausgegrenztheit« heraus. Die »Heeiiil«-Rufe aus dem Radio ließen Milchen das Blut in den Adern gefrieren.

Es war eine Zeit tiefer Melancholie und Sinnentleertheit, mit nur ganz selten aufscheinenden Lichtpunkten und kurzen Augenblicken der Freude.

Else, besorg mir noch Zinnstäbe! rief Emil. Wie soll ich ohne Zinnstäbe verzinnen! Das kann man von mir nicht verlangen! Else, bestell eine Flasche Sauerstoff! Manchmal wurde es Mittag, bis Emil endlich hinaus zum Schlößchen fuhr. Die Pfannen zum Verzinnen im Veloanhänger. Elses Proviantpaket in Zeitungspapier gewickelt.

Um ihn aufzumuntern, hatte Else neue Briefköpfe und Couverts drucken lassen, auf denen Emils schönste Schnapsbrennerei abgebildet war. Sie hatte extra ein Cliché machen lassen. Emil Iten, Kupferschmiede, Luzern, stand darauf. Auf dem Briefkastenschild unten im Stiegenhaus war zu lesen:

EMIL ITEN, KUPFERSCHMIED
ELSE ITEN, JOURNALISTIN.

Einmal nur hat Else zu Emil gesagt, daß sie *seinetwegen* ihre Fähigkeiten nicht hätte entwickeln können. *Seinetwegen.* Warum nur hat sie das getan? Für Emil muß die Welt eingestürzt sein. Was sagst du da? rief er. War ich dir nicht immer ein guter Mann? Er geriet ganz außer sich. Ich gehe ins Wasser! hatte er noch geschrien und war aus der Wohnung gestürzt. Draußen tobte ein schrecklicher Sturm, schwarze Gewitterwolken ergossen sich sintflutartig auf die Stadt. In das Unwetter hinaus war Linas Sohn gerannt. Milchen traf Else in einem Zustand an, wie sie sie nie gekannt hatte, mit dunklem, verzweifeltem Gesicht. Sie zitterte. Ich konnte ihn nicht mehr zurückhalten, sagte sie tonlos. Stundenlang warteten Else und Milchen. Dann kam Emil heim! Vollkommen durchnäßt, mit zerrauftem Haar und irrem Blick. Wortlos ging er ins Schlafzimmer. Man hat nie mehr darüber gesprochen. Was hätte man schon sagen können?

In unsäglich alte, verschrumpelte Säcke hat er die Kupferpfannen eingeschlagen, ein jämmerlicher Haufen rußigen Sacktuchs liegen sie im Veloanhänger, hoch erhobenen Hauptes, mit wehendem weißem Haar, mit brennenden Augen fährt er, ein unendlich einsamer alter Freak, Abkömmling der Bonaventura I, II und III, der letzte Altmetallhändler, aus allen Poren, aus seinen alten Kleidern Metallgeruch verströmend, auf seinem Fahrrad über die Seebrücke, langsam und bedächtig pedalend, Emil, der Anachronismus, ein Relikt aus Kupferträumen, mitten unter den dahinbrausenden glitzernden Autos, heim zu Else in die Dreizimmerwohnung mit Alkoven. Vier Stockwerke hoch schleppt er die Säcke mit den rumpelnden Pfannen, deponiert sie im Alkoven, schlägt die Glastür zu, wirft sich ächzend auf einen Stuhl. Für Else hat er einen seltsamen Wildstrauß von grünem Zeug (aus dem Park!) auf den Tisch geworfen, sibirische Tanne, Hasel, Blautanne, Zeder, eine Blüte darin wäre eine Blüte, nie ist eine einzige darin auszumachen. Der Bruder vom grünen Busch kommt heim. Wo Else immer noch ihr Lächeln her nimmt, versteht nur Gott.

Als die Mutter mit zweiundsiebzig stirbt, bestimmt Emil die Grünsträuße aus dem Schlößchenpark von nun an »für Mutters Grab«. Sie war eine gute Mutter!

sagt er dramatisch. Biblisch. Hatte jemand daran gezweifelt?

Emil sammelt Eisengitter, Eisenstäbe, Altkupfer, Röhren, T-Balken, Schienen, weiß der Himmel, wo er all das findet, füllt damit den Veloanhänger, deponiert auch dieses Material im Alkoven, neben rosig schimmernden, innen frisch verzinnten Kasserollen, die er liebevoll aus dem rußigen Sacktuch schält, in seinen großen schwarzen Händen dreht, bewundert, ehe er sie zurück in die Hotelküchen fährt. Der Alteisenhändler bezahlt für das Altmetall ein paar Franken, nach Gewicht. Längst ist Emil zum Outsider, zum Anarchisten geworden. In, sagen wir, den Vierziger Jahren nimmt er den Aufstand der Jungen, der Achtundsechziger, vorweg, verläßt das Establishment, taucht ab in den Untergrund, in die Verweigerung, nur seine ewige Braut, Else, seine kostbarste Beute, in den Armen wiegend. Im Alleingang proklamiert er die letzte Konsequenz, die Freiheit des Individuums, Hohn und Spott über die Anpasser. Und Else, hellsichtig, erkennt ihn: Da ist er wieder, der Anarchist, dem sie in Rußland begegnete! Alles wiederholt sich. Aufbau und Untergang. Ach ja, Emil, Aufbau und Untergang. Die Gezeiten. Ebbe und Flut. Untergang des Kupfers, Untergang der Donaumonarchie. Else improvisiert auf dem Flügel. Die Saiten sind verstimmt. Die grandiose Operette. Der Kaiserwalzer. Wien. Aus der Walzertraum.

Ewig aber ist das Kaffeehaus. Nur die Namen wechseln. Moccaraba, De la Paix, Flora, Schiller, Mövenpick, Bahnhofbuffet 1. Klasse... Else kennt sie alle, frequentiert sie alle. Ein Café crème täglich, das macht einsfünfzig pro Tag, damit kann sie ein, zwei Stunden am Kaffeehaustisch sitzen, Zeitungen lesen, Menschen treffen, diskutieren. So heiter träumt sie im Café. Hier geht die Welt vorüber. Das Kaffeehaus als Lebensraum, fast wie damals in Wien. Nur schade, sagte Else, daß es in der Stadt keine Universität gibt. Eine Stadt ohne Universität, wiederholt sie, hat doch immer etwas Kleinbürgerliches an sich. Sie freut sich auf den Sommer, wenn die Touristen ankommen. (Noch sind wir weit weg vom Massentourismus.) In den Cafés, in den Straßen, auf Parkbänklein lernt Else fremde Menschen kennen. In allen Sprachen kann sie sich mit ihnen unterhalten. Menschen interessieren Else.

Emil hingegen trifft sich samstags im Buffet 2. und 3. Klasse mit den Bauern, den Käsern, den alten Brennern. Abends erzählen sich Emil und Else die Erlebnisse ihrer Tage, die nicht unterschiedlicher sein könnten.

Längst waren die Töchter ausgeflogen. Wenn ihre Söhnchen und Töchterchen bei Emil und Else Ferien machten, dann brachte Else sie auf den Pilatus und auf die Rigi, mit der Zahnradbahn fuhr man hinauf, und wenn Else die Kinder morgens aufwecken mußte, um Schiff oder Zug nicht zu verpassen, dann setzte sie sich an den Wiener Flügel und spielte »Hoffmanns Erzählungen« oder die »Träumerei« von Schumann, damit die Kinder nicht brüsk, sondern sanft in die Musik hinein erwachten. Sie brachte sie (mit ihrem wenigen Geld) ins Mövenpick oder zum Konzert in den Flora-Garten und ließ ihnen riesige Meringues und die schönsten Eis-Desserts bringen. Else liebte Kinder über alles. Emil übrigens auch.

Emil zeigte den Enkelsöhnchen in der Bude beim Schlößchen, wie man den Hammer packen muß. Er fuhr morgens (oder mittags, je nachdem) mit dem Postauto mit ihnen hinaus. Mit der kleinen Enkeltochter brachte er die verzinnten Pfannen in den Kursaal (wo sie beim Spielsaal vorbeischauten und man ihm bedeutete, daß Kinder hier keinen Zutritt hätten, und ihm damit zu verstehen gab, daß auch er nicht gerade passend sei, worauf Emil erklärte, er wolle dem Kind den Saal ja nur zeigen ...) oder in die »Volksküche« zu Frau Baggenstos, der Wirtin, die eine Schwäche für den alten Kupferschmied hatte. Diese Frau Baggenstos, sagte Else verächtlich. Sie sei ja bereit, alles mit Emil »mitzumachen«, solange er nichts mit anderen Frauen anfange. Dann hätte sie nämlich endgültig genug von ihm!

Emil war Mitte Siebzig, als er mit dem Fahrrad stürzte. Ein Polizist klingelte an Elses Wohnungstür. Als sie öffnete, streckte er ihr Emils Schuhe entgegen. Else war entsetzt, sie befürchtete das Schlimmste. Man habe den alten Mann ins Spital gebracht, erklärte der nicht gerade feinfühlige Beamte. Else fuhr sofort hin und fand Emil schimpfend im Spitalbett. Er hatte keine Knochen gebrochen, ein paar Schürfungen waren verarztet worden, und man wollte ihn noch auf innere Verletzungen untersuchen. Nach drei Tagen, in denen nichts unternommen wurde, hatte Emil genug. Else, sagte er, bestell ein Taxi. Ich will heim. Else bestellte, packte Emils Sachen zusammen, und sie entkamen unerkannt durch die Spitalpforte.

Das Fahrrad wurde eingestellt. Emil fuhr jetzt nur noch mit dem Postauto hinaus in die Bude. Er hatte weniger Aufträge. Vielleicht lieferte er nicht mehr so pünktlich, und die Kunden wurden ungeduldig. Manchmal fuhr er nur noch zum Schlößchen hinaus, weil er sich unter seinen Hämmern wohl fühlte. Ohne etwas zu tun.

Mit Neunundsiebzig legte sich Emil ins Bett. Gesund an Körper und Seele, nur etwas müde war er. Der letzte freie Schweizer lag im Bett. Zum Nichtstun verurteilt »von den Halunken in Bern«. Sie, die Alkoholverwaltung war schuld, daß keine dieser vollendet rund gehämmerten, rosigen Destillierhäfen, keine Brennereien mehr entstehen durften. Auf sie, diese Halunken und »Seelenmörder« in Bern fiel seine tiefe Verachtung, denn der alte Kupferschmied wußte, daß sie Unbedarfte waren, bedauernswerte Geschöpfe einer sogenannten modernen Zeit, welche die ganz wesentlichen Geheimnisse des Universums nicht mehr kannten. Man konnte sie in aller Ruhe der Gerechtigkeit Gottes überlassen.

Die Kupferwelt war untergegangen. Emil blieb nichts mehr zu tun, er konnte sich ganz seinen Kupferträumen hingeben. Vielleicht hatte er sich sein Alter so vorgestellt: auf einem Bänklein vor der Kupferschmiede sitzend, dem Hämmern eines Sohnes lauschend. Er war der letzte Überlebende. Er hatte sein weißes Haupthaar und seinen Bart wachsen lassen und betrachtete seine großen, schneeweiß gewordenen Kupferschmiedehände, erinnerte sich an die Hunderte von Brennhäfen und Käskessi, die diese Hände geschmiedet hatten. Wie von selbst hatten sie gearbeitet!

Vorbei, vorbei. Aber was für ein Leben das gewesen war, nicht wahr, Else! Aah!

Ach ja, Emil, lächelte Else. Und sie huschte vom Schlafzimmer, wo Emil, patriarchalisch im Bett liegend, seine Tage und Nächte verbrachte, in die Küche und zurück zum Schlafzimmer, trug ihm Tag für Tag Kaffee und Zeitungen herbei, um ihrerseits frei zu sein, Mantel und Hut anzuziehen und auszugehen. Ins Café!

Längst zieht sie ihren Mantel nicht mehr aus, weil das Kleid darunter zu schäbig ist. In Hut und Mantel sitzt die »Frau Doktor« im Kreis ihrer »Aficionados« im Café Moccaraba, philosophiert, diskutiert, lacht mit einer hierzulande ungewohnten Leichtigkeit, wie damals in Wien. Von Rußland erzählte sie, vom Gut, von Wien... Derweil er daheim die Zeitungen liest, hin und wieder aufseufzend über die Schrecken der Nachrichten aus einer fern gewordenen Welt, den Tod seiner Gegner erdauernd. Vielleicht wird ihm die Zeit manchmal lang, bis Else wiederkommt. Er lauscht dem Ticken des Weckers, den verschwommenen Geräuschen von der Straße. Nochmals und nochmals geht er seine Heldentaten durch, wie er »es denen in Bern droben gezeigt hat«. Gezeigt hat, was ein Kupferschmied ist. Gerne würde er im Frühling noch ein einziges Mal die Obstblust sehen. Nur noch dies. Und hin und wieder döst er ein.

Als er schon sehr alt ist, wird es ihm dann manchmal wieder so eng um die Brust. Wie in der frühen Jugend. Else, hol den Träsch, sagt Emil. Und... aah, sagt er, wenn ihm Else den Oberkörper, vor allem in der Herzgegend, mit ihren sanften Händen und ihrem liebevollen Eifer kräftig eingerieben hat, aah, sagt dann Emil, Else, das hat geweitet! Das hat wieder gutgetan!

Immer dieser wunderwirksame Träsch aus den rosenfarbenen Kupferhäfen der Brenner! Wobei Emil dem Apfelträsch jederzeit dem aus Birnen gebrannten den Vorzug gibt. Ein Kenner ist er. Darin geht er ganz einig mit Erich Maria Remarque, dem schreibenden Calvadostrinker, der ohne Apfelweinbrand überhaupt keine Romane geschrieben hätte! Else, die gerade den Bestseller »Im Westen nichts Neues« liest, hält Emil über des berühmten Romanciers Vorlieben, die dieser mit Emil teilt, auf dem laufenden. So ergänzen sich Emil und Else aufs wunderbarste, und es wird ihnen nie langweilig.

Nur einmal muß der alte Doktor Elmiger, der Hausarzt, der nun auch schon Achtzig ist, kommen, um Emil einen Zahn zu ziehen. Auch er trinkt nachher gern ein Schnäpschen, das ihm Else im Flügelzimmer serviert. Ob er sich eine Frage erlauben dürfe, fragt er Else. Was denn wohl aus der ersten Frau des Herrn Iten geworden sei, aus dieser eleganten Dame, die damals mit Herrn Iten im Schlößchen gelebt habe? Else sagt ihm, daß er sie nun ein wenig in Verlegenheit bringe. Emil hätte nur eine Frau gehabt. Die Dame im Schlößchen sei sie selber gewesen.

Acht Jahre verbrachte Emil im Bett. Alle seine Feinde waren gestorben, und er war mit der Welt und mit sich selber im reinen. Da machte auch er sich zum Aufbruch bereit. Er war jetzt Siebenundachtzig. Schmerzen hat er nie gekannt.

Er stürzte auf dem Weg zum Badezimmer. Else hieß zwei Krankenpfleger kommen, die ihn aufhoben und badeten. Er war jetzt rein wie ein neugeborenes Kind. Er wünschte Milchen zu sehen.

Milchen reiste. Sie sah diesen schneeweißen, geläuterten alten Kupferschmied mit den großen, schneeweiß gewordenen Kupferschmiedhänden, den Patriarchen mit weißem Haupthaar und kindlichem Blick, ausdestilliert wie der Geist war er, der kristallklar aus den kupfernen Destillierhäfen rinnt. Und als Else sie bat, ihr zu helfen, den Vater aufzuheben und ein wenig zu drehen, damit er besser liege, da lag er plötzlich nackt und rein und vertrauensvoll vor ihr, ein unversehrter, kostbarer Greis, der Mann, aus dem sie gekommen war. Es war ein einfacher und unendlich liebevoller, ja heiterer Abschied.

Am andern Tag um sechs Uhr früh rief Else an, Emil sei gestorben. Er habe ihr noch »einen wilden Adlerblick« zugeworfen, ehe er ging. Emil hat Elses Lächeln mitgenommen. Sie gab es ihm mit, vielleicht als Reiseproviant. Seither lächelte sie nicht mehr.

Gern hätte sie in einer Universitätsstadt gelebt, sagte Else. Eine umfassende Bibliothek hätte sie schon sehr gern zur Verfügung gehabt.

Else war fast erblindet. Ganz schwach, erklärte sie, könne sie bei den Fußgängerstreifen noch immer die grünen und die roten Signallampen unterscheiden. Und vor allem spüre sie genau, ob die Menschen stehenblieben oder über die Straße aufbrachen, sie brauche sich ihnen nur anzuschließen. Jede Hilfe – auch einen Blindenstock – lehnte sie ab. Jeden Vormittag um halb Elf traf sie sich mit Freunden im Café Flora. Doch wie sehr fehlte ihr Emil. Else war jetzt Achtzig. Da begann sie, ihre Rußland-Memoiren aufzuschreiben. Mit Feuereifer arbeitete sie. Nach dreißig oder vierzig Seiten erblindete sie vollständig. Sie schrieb weiter, doch die Zeilen und Buchstaben gerieten durcheinander, überlagerten sich. Die Aufzeichnungen wurden unleserlich. Ein Diktiergerät wollte sie nicht. Um eine Geschichte erzählen zu können, brauche sie Menschen, keinen Apparat. Man müsse sie verstehen.

Die Intelligenz wird nicht sterben, sagte Else. Der menschliche Geist stirbt nie.

Und natürlich kann auch Kupfer nicht wirklich untergehen! Wenn Emilia Albertina irgendwo Kupfer sieht, irgendwo, am unmöglichsten Ort, oben auf einem Dach zum Beispiel, dann beginnt ihr Herz immer noch heftig zu klopfen. Ganz aufgeregt wird sie. Und sie weiß, daß es Elsele genau so geht. Durch die Welt gehen sie beide und erschrecken, wenn sie Kupfer sehen!

Kupfer im Blut! hört sie dann Emil begeistert ausrufen. Dazu sein homerisches Lachen! Und Else, in ihrer unendlichen Donau-monarchischen Güte, wird es nie übers Herz bringen, Emils Begeisterung zu bremsen. Ach, wird sie nur leichthin sagen, und in sein Lachen einstimmen. Mitreißen wird sie sich lassen.

Nie wird es aufhören mit diesem Kupfer.

Lizenzausgabe für die Büchergilde Gutenberg
Frankfurt am Main, Wien und Zürich
mit freundlicher Genehmigung des Pendo Verlages
Copyright © Pendo Verlag AG, Zürich 2000
Gesetzt aus der Bembo
Satz: Fotosatz Amann
Druck und Bindung: Clausen & Bosse, Leck
Printed in Germany 2001
ISBN 3-7632-5185-5

www.buechergilde.de